Volker Fritz/Gerhard Kraft/Esther Richter

Lehrerheft
Vieles ist neu 2

Religion im dritten und vierten Schuljahr

Methodisch-didaktische Anregungen, Texte,
Lieder und Kopiervorlagen

Persen Verlag

Gedruckt auf umweltbewusst gefertigtem, chlorfrei gebleichtem
und alterungsbeständigem Papier.

2. Auflage 2010
Nach den seit 2006 amtlich gültigen Regelungen der Rechtschreibung

Illustrationen: Bodo Müller
Satz: MouseDesign Medien AG, Zeven

ISBN 978-3-8344-**4203**-1

www.persen.de

Inhaltsverzeichnis

Einleitung

Zur Gesamtkonzeption des Buches

Das Grundschulbuch „Vieles ist neu 2" für die Klassen 3 und 4 orientiert sich konzeptionell an verschiedenen Bezugsgrößen.

Theologisch nimmt es die 3 Hauptteile des apostolischen Glaubensbekenntnisses auf und erweitert sie.
So wird in Kapitel 1 umfassend das Thema Schöpfung bearbeitet, im 2. Kapitel Jesus Christus (Land und Leute, Heilungen, Gleichnisse, Passion und Auferstehung ...) und im 4. Kapitel Themen des gemeinsamen Glaubens. Kapitel 3 nimmt am Beispiel des Volkes Israel in Ägypten und seiner Befreiung im Horizont des 1. Glaubensartikels menschliche Grunderfahrungen des Glaubens auf, bei denen es um das Wirken Gottes in der Geschichte geht. Neu im Vergleich zu Band 1 ist Kapitel 5, das explizit den Glauben von Juden und Muslimen in ersten Annäherungen in den Blick nimmt. Dabei ist das Anliegen, einen von gegenseitiger Achtung geprägten Umgang zu erreichen. Detaillierte Kenntnisse über die monotheistischen Religionen zu vermitteln, kann in der 3. oder 4. Klasse noch kein Ziel sein.

Das Buch ist primär an der **biblischen Botschaft** orientiert und versucht überall, wo dies möglich ist, die Themen auf biblische Inhalte zu beziehen. Damit will es dem reformatorischen Grundanliegen Rechnung tragen, evangelischen Glauben und evangelische Frömmigkeit aus der Beschäftigung und den Erfahrungen mit der Bibel, der Heiligen Schrift, zu entwickeln.
Gleichzeitig werden durch die Zusammenstellung der Themen die Themenfelder der Bildungspläne berücksichtigt.
Biblische Tradition und kindliche Lebenswelt sollen in vielfältiger Weise aufeinander bezogen werden:

- durch *Impulse*, die die Schüler/-innen[1] sowohl in Einzelarbeit als auch mit der Klasse bearbeiten können. Sie zielen darauf ab, die übergreifenden Kompetenzen der Bildungspläne sowie die unterschiedlich definierten Kompetenzen zu erwerben bzw. zu vertiefen.

- durch *Fotos oder Bilder aus der Kunst,* die einen biblischen Text bzw. ein Thema interpretieren, teilweise auch kontrastieren und Situationen aus dem Erfahrungs- und Erlebensbereich der Kinder aufnehmen.

- durch *Texte und Sachzeichnungen,* die auf Sachverhalte aus der Umwelt des Kindes hinweisen.

Die bildliche Konzeption

Die komplexer und differenzierter werdenden Inhalte der Klassenstufe 3 und 4 werden durch verschiedene Bildsprachen visualisiert:

Fotografie
Für die heranwachsende Schülergeneration der dritten und vierten Grundschulklasse spielt die Fotografie als „Ab-Bild" der uns umgebenden Lebenswirklichkeit eine zunehmend wichtige Rolle und wird von vielen bereits als zentrales Medium unserer Zeit verstanden.
In diesem Sinne gewähren Einzelfotos und Fotocollagen (als Träger quasi dokumentarischer Bildinhalte) in unserem neuen Schulbuch kaleidoskopartige Einblicke in unterschiedlichste Lebensbereiche, werden Menschen und Situationen, ferne Landschaften und Städte, Pflanzen, Tiere und Dinge dem interessierten Kind vor Augen geführt.

Kunst
In jedem Kapitel sind einigen Texten zudem Reproduktionen aus dem Bereich der bildenden Kunst anbei gestellt; Zeichnungen, Gemälde oder sonstige Erzeugnisse namhafter Künstler laden zur konzentrierten Bildbetrachtung ein und erlauben den Kindern eine vertiefende Reflexion der in Wort und Bild dargestellten Zusammenhänge.
Gleichzeitig (und fast nebenbei) kann durch die bewusste Auseinandersetzung mit Kunst ein frühes Ahnen und Begreifen von übergeordneten ästhetischen Werten angeregt und vermittelt werden.

Illustration
Eher kleinformatige farbige Vignetten in Form von flächig geschnittenen Pastell-Ölkreide-Collagen lockern auf, illustrieren und erweitern die durch den Text vermittelten Inhalte auf ganz eigene Art. Hier sind es vorwiegend biblische Themenfelder und Geschichten, die durch diese Bildebene ergänzt und beleuchtet werden.
Dazu kommen Sachbilder, die Zeit und Umwelt

[1] Im Folgenden mit S abgekürzt

biblischer Texte erläutern wollen.
Anregungen zur geistlichen Gestaltung des Religionsunterrichtes, zur Meditation, Andacht oder auch zu kleinen gottesdienstlichen Feiern finden sich diesmal vor allem im Lehrerhandbuch.

Liturgische Elemente im RU

Da der schulische Religionsunterricht ein ergebnisorientiertes Lernen fordert und fördert, so sind auch Formen der praktischen Aneignung und Ausdrucksformen des Glaubens anzubieten. Religionsunterricht stellt dar und vertieft auf vielfältige Art und Weise; er lebt aber auch von sich wiederholenden Formen, die den Glauben in Lied, Gebet und strukturiertem Gespräch zum Ausdruck bringen. Nur wer miterlebt hat, kann sich dazu verhalten. Deshalb ist es für die Lehrkraft[2] wichtig, Angebote des gemeinsamen Singens, des gemeinsamen Gebets, des Gesprächs über existenzielle Fragen mit der nötigen Behutsamkeit und Offenheit zu führen, ohne den eigenen Standpunkt zu verleugnen.
Kinder können ein Ritual als wohltuend und bedeutsam erleben. Um dies zu erreichen, können sie an der Auswahl der Lieder oder Sprüche bzw. Gebete beteiligt werden. Auf keinen Fall darf ein Ritual in eine langweilige Routine des Religionsunterrichts ausarten. Dann ist es besser, eine Weile zu pausieren.
Im Sinne der Ganzheitlichkeit sollte ein Ritual nach Möglichkeit in einem Bezug zum Inhalt der Stunde stehen. So ist darauf zu achten, dass das Ritual nicht als einziges Element der Stunde die religiöse Kompetenz der S fördert, sondern an dieser im Sinne des Bildungsplans die gesamte Stunde hindurch gearbeitet wird.
Gebete können aus einem Gebetbuch vorgelesen werden. Dazu eignet sich ein unbeschriebenes Poesiealbum oder ein kleines Buch, in das die L ein paar Gebete geschrieben hat. Ein S nimmt das Buch mit nach Hause, schreibt ein Gebet auf oder sucht sich eines aus dem Buch aus und bringt es dann in der nächsten Stunde wieder mit. Beim Ritual liest er das Gebet und gibt dann das Buch an einen Mitschüler/eine Mitschülerin weiter, der/die für die nächste Stunde ein Gebet auswählt bzw. aufschreibt. Erfahrungsgemäß gestalten die S solche Bücher mit großer Sorgfalt.
Das schon in Klasse 1 und 2 erschlossene Vaterunser kann ebenso Teil einer solchen Andacht sein wie das freie, durch einen gemeinsamen Bittruf (gesprochen oder gesungen) strukturierte Gebet. Dazu kann ein Gebetsstein von S zu S gereicht werden. Wer den Stein hat, spricht ein Gebetsanliegen und nach einer bestimmten Anzahl Schüleranliegen wird der Bittruf eingefügt.

Vor allem die Kunstbilder eignen sich (neben der didaktischen Erschließung) als Impulse für die Mitte einer kleinen Andacht, in der die S ermutigt werden, sich in biblischen Vollzügen wiederzufinden und sich so von Inhalten des Glaubens ansprechen zu lassen.

Immer wieder werden im Schülerbuch Lieder vorgeschlagen. Die Kopiervorlagen können dazu vervielfältigt, in Liedermappen gesammelt und zu verschiedenen Zeitpunkten der Religionsstunde gesungen werden: zu Beginn im Rahmen des Anfangsrituals, auch zu kleinen Andachten erweitert, als Vertiefung eines erarbeiteten Themas oder am Ende einer Stunde.
Wiederholung schafft Vertrautheit, die weit über den Unterricht hinaus reichen kann. Und auch die Lieder aus dem Evangelischen Gesangbuch schaffen Verbindung zu Gemeinden und ihren Gottesdiensten oder Gruppen, in denen solche Lieder ebenfalls gesungen werden. Hier ist die L auch gefordert durch gemeinsam vereinbarte Lieder und Texte, die bis in den Schüler- bzw. Schulgottesdienst führen, Verbindungen herzustellen.
Bei liturgischen Eingangssituationen sollte ihre Funktion, zu sammeln und zur Mitte des Religionsunterrichtes zu führen, nicht aus den Augen verloren werden. Deshalb scheint auch eine zeitliche Beschränkung auf maximal zehn Minuten angebracht.
Bei Gesprächen in einem Eingangsritual ist es hilfreich, wenn von vornherein abgesprochen ist, dass nur eine begrenzte Zahl (z.B. drei) S zu Wort kommen kann. Auch Zeichen, die mit den S abgesprochen sind, können den Ablauf vereinfachen und zu Stille und Konzentration verhelfen. Solche Zeichen können eine kurze Melodie auf der Blockflöte sein, ebenso ein Ton des Triangels o.Ä.
Um ein gelenktes Gespräch zu unterstützen, kann ein Stein (größerer Kieselstein o.Ä.) dem/der jeweiligen S, der/die sprechen darf, in die Hand gegeben werden.
Auch empfiehlt es sich, die Sitzordnung (Stuhlkreis statt Sitzen an den Tischen) gegenüber der klassischen Unterrichtssituation zu verändern. Dies kann von den S in jeder Stunde bereits vor Eintreffen der Lehrkraft erledigt werden.
Eine gestaltete Mitte hilft zu mehr Konzentration. Eine Kerze – evtl. in den Farben des Kirchenjahres oder von den Kindern gestaltet – auf einem Tuch,

[2] Im Folgenden mit L abgekürzt

das ebenfalls die jeweilige Farbe der Kirchenjahreszeit trägt, erinnert an Jesu Wort „Ich bin das Licht der Welt“ (Joh 8,12) und die Anwesenheit Gottes. Eine aufgeschlagene Bibel kann daran erinnern, dass in der Stunde eine Geschichte aus der Bibel reflektiert wird.
Statt auf dem Boden kann diese gestaltete Mitte auch auf einem kleinen Hocker aufgebaut werden.

Wer mit den S eigene Gebets- oder sogar Liederbücher gestaltet, kann diese als sichtbares Zeichen für das Ritual einsetzen.
Hilfreich ist es auch, wenn der Unterricht nicht nur gemeinsam begonnen, sondern auch gemeinsam beendet wird. Oft reicht es, wenn die S sich an den Händen fassen und die L ein kurzes (biblisches) Segenswort zuspricht. Solche Segensworte finden sich vor allem in den Psalmen, z.B. Psalm 115. Auch ein kurzer Singspruch oder ein Liedvers (Ausgang und Eingang) kann über mehrere Wochen den RU begleiten. Wird für jede Unterrichtseinheit ein neuer Spruch gelernt, erweitert sich das Repertoire der S.

Methoden im RU

Hier verweisen wir zunächst auf die Ausführungen im Lehrerheft zum Band 1 des Schülerbuches „Vieles ist neu“.
Ergänzend machen wir noch auf folgende Möglichkeiten aufmerksam.

Darstellendes Spiel
Im Rollenspiel bringen sich die Spielenden selbst in eine Situation ein. Im Unterschied zu dem Spielen mit verteilten Rollen wird die Wirklichkeit nicht einfach nachgespielt, sondern modellhaft durchgespielt. Der Grundgedanke des Rollenspiels in seiner einfachsten Form ist, jemanden zu bitten, sich vorzustellen, entweder er selbst oder ein anderer in einer bestimmten Situation zu sein.

Methodisch werden drei Arten unterschieden:
- *Das spontane Rollenspiel,* das sich aus Bildern, Erzählungen und Erlebnissen, die den Anlass bieten, ergibt
- *Das gelenkte Rollenspiel mit offener Struktur,* d.h., Situation und Rahmenbedingungen sind vorgegeben, der Verlauf des Spiels wird frei gestaltet, verschiedene Lösungen sind möglich
- *Das gelenkte Rollenspiel mit geschlossener Struktur,* d.h., Situation, Rahmen und die Lösung sind vorgegeben, die Handlung wird nur nachgespielt

Im Schülerbuch wird immer wieder der Impuls gegeben, eine Geschichte zu spielen. Doch nur geübte S sind in der Lage, nach der Rollenaufteilung eine Geschichte ohne Hilfe in Szene zu setzen.
Eine hinführende Form ist das *darstellende Spiel ohne Worte,* in dem sich die S zu einer Erzählung der L bewegen. Dies erfordert allerdings von der L ein entsprechendes Erzählen, das den S Zeit zum Ausdruck lässt; z.B. statt
- „Die Jünger waren traurig auf ihrem Weg“
- „Langsam gingen die Jünger ihren Weg. Sie ließen den Kopf hängen, die Schultern beugten sie leicht nach vorne. So setzten sie einen Schritt langsam vor den anderen. Sie waren traurig.“

Das Rollenspiel sollte in seinem Aufbau zwecks Übung zunächst immer denselben Ablauf haben:

Vorbereitung:
Die Situation wird den S durch Erzählen einer Geschichte oder eine Bildbetrachtung im Buch vorgestellt. Es ist auch möglich, dass die S eine Zusammenfassung der Geschichte oder des Besprochenen vortragen. Danach wird festgelegt, wie viele Mitspieler es geben soll, der Ort der Handlung, die Dauer des Spiels und die Spielregeln. Dann werden die Rollen beschrieben und anschließend verteilt (z.B. durch Ziehung von Rollenspielkarten). Den Zuschauern werden Beobachtungsaufgaben gestellt. Der Spielraum wird gestaltet, abgegrenzt und Requisiten gesucht.

Einübung:
Nun bereiten sich die Spieler vor und sprechen sich ab. Beim gebundenen Rollenspiel, das schon eine Lösung parat hält, müssen „nur“ die Rollen eingeübt werden.

Aufführung:
Für das Spiel gibt es verschiedene Möglichkeiten. Zum einen kann es mehrmals durchgespielt werden, stets mit wechselnden Rollen derselben Spieler. Ein Rollentausch kann stattfinden, indem neue Spieler dasselbe (gebundene) Spiel darstellen; mithilfe des sogenannten „Hilfs-Ich“ kann ein Zuschauer sich neben einen Spieler stellen und ihm „Gedanken eingeben“ oder die Rolle kurzzeitig übernehmen. Des Weiteren kann das Spiel unterbrochen werden, sodass Zuschauer Fragen an die Spieler stellen können. Von den S mit hoher Aufmerksamkeit bedacht sind stets auch pantomimische Rollenspiele, bei denen die Spieler schweigend ihre Rolle ausführen.

Für alle Rollenspiele gilt: Die Spielphase sollte stets durch ein Signal begonnen und beendet werden, damit allen Beteiligten klar ist, wann die Darsteller in ihre Rolle schlüpfen bzw. sie wieder verlassen. Beachtet man diesen Hinweis nicht, so kann es passieren, dass manche S gerade bei freien Stücken ihre Rollen einfach weiterspielen, ohne zu einer sinnvollen Lösung gekommen zu sein. Vermeiden sollte die L es jedoch, direkt in den Spielverlauf einzugreifen. Möglich wäre hier, um den Spielfluss nicht zu stören, eine Nebenrolle zu übernehmen, in das Geschehen zu springen (z.B. als Reporter/-in) und das Anliegen vorzubringen.

Nach dem Spiel folgt die Auswertungsphase. Die Spieler wie auch die Zuschauer äußern ihre Gefühle und Wahrnehmungen. So können Missverständnisse geklärt, Unverstandenes oder Unklares erläutert und Beobachtungsaufgaben besprochen werden. Auch die Spielsituation sollte reflektiert werden. Dazu werden verschiedene Lösungsmöglichkeiten diskutiert. Auch kann das Rollenspiel mit der Realität verglichen werden.

Bewegungslieder und Singspiele

Neben ausgeformten Singspielen, die z.B. in Zusammenarbeit mit den Lehrkräften für Musik erarbeitet werden, können auch Lieder mit Bewegungen oder in Form eines Rollenspiels dargeboten werden, wodurch die Aussage der Erzählung betont wird. Dazu sind prinzipiell alle Lieder geeignet, die im Schülerbuch und im Lehrerhandbuch vorgeschlagen werden.

Wird ein komplettes Lied in ein darstellendes Spiel umgesetzt, so ist darauf zu achten, dass die S das Lied zunächst sehr gut singen können. Ein Teil der S übernimmt die Spielrollen, ein anderer singt. Je nach Klassengröße kann ein weiterer Teil das Spiel mit Orff-Instrumenten begleiten. Der Gesang sollte jedoch nicht zu dünn sein, da er die „Regieanweisungen“ für die Spieler vorgibt, die sich für ihre pantomimische Darstellung am Text des Liedes orientieren. Nach mehrfachem Singen und Spielen können bald auch die Darsteller das Lied auswendig mitsingen.

Bei Bewegungsliedern werden einzelne Textteile durch Bewegungen unterstützt. Dazu ist es hilfreich, gerade bei längeren Liedtexten Markierungen anzubringen, die auf die richtigen Bewegungen hinweisen. Vorteilhaft ist es, wenn die L den Text auswendig kann, um sich auf das Einstudieren der Bewegungen mit den S konzentrieren zu können. Bei längeren Texten können als Merkhilfe passende Bilder zu einzelnen Textpassagen gezeigt werden. Verschiedene S erhalten die Bilder und halten sie zum jeweiligen Text hoch.

Sowohl Bewegungslieder als auch Singspiele eignen sich auch als Verkündigungsteile in Schulgottesdiensten oder Klassengottesdiensten, zu denen die Eltern auch eingeladen werden können.

Gestaltung von Schulgottesdiensten

Die Gestaltung von Schulgottesdiensten mit S kann sich aus den Inhalten des Religionsunterrichtes verschiedener Klassen und Konfessionen ergeben.

So können ...

- Lieder, die im Unterricht gelernt wurden, ebenfalls im Schulgottesdienst gesungen werden.
- Inhalte für die Verkündigung, die auch Inhalte des Unterrichtes sind, durch (selbst gemalte) Bilder (DIN A3) im Gottesdienst veranschaulicht werden.
- Gebete, wie sie im Schülerbuch z.B. zu den 10 Geboten zu finden sind, übernommen oder für den Gottesdienst mit den S weiterentwickelt werden.
- Liedbegleitungen einfacher Art durch körpereigene Instrumente (klatschen, patschen, stampfen) oder Orff-Instrumente in Zusammenarbeit mit der L im Bereich Musik für den Gottesdienst erarbeitet werden.

Schulgottesdienste orientieren sich in der Regel an einem Thema, das sich wie ein roter Faden durch die Liturgie und Verkündigung zieht. Die Lieder müssen rechtzeitig bekannt sein, damit sie auch mit den S anderer Klassen eingeübt werden können. Das Sprechen der Gebete und der Verkündigung kann von den S übernommen werden, ebenso die Aufgaben des Liturgen. Eigene Gebete können im Vorfeld mit den S erarbeitet, formuliert und notiert werden.

Für den Verkündigungsteil kann ein Bild aus dem Schülerbuch auf Folie kopiert und präsentiert werden. Die S lesen die Geschichte dazu aus dem Schülerbuch oder aus einer Kinderbibel vor, evtl. mit verteilten Rollen.

Eine biblische Geschichte, die anhand des Buches erarbeitet wurde, kann von den S in verschiedene Szenen eingeteilt werden. Dazu malen sie auf Kopierfolie Bilder, die dann im Gottesdienst gezeigt werden.

Auch kann im Unterricht ein biblisches Theaterstück mit den S geschrieben und im Gottesdienst aufgeführt werden.

Schulgottesdienste sollten in einer Kirche gefeiert werden, damit die S auch einen Bezug zur örtlichen Kirchengemeinde gewinnen. Dazu ist es notwendig, mit ihnen angemessenes Verhalten im

Gottesdienstraum einzuüben. Gerade wenn Kinder große Teile des Gottesdienstes übernehmen, sollte die L ein Augenmerk darauf richten, mit ihnen nicht nur die Inhalte einzustudieren, sondern auch die entsprechende liturgische Haltung (z.B. langsam gehen, wenn man sich in den Altarraum begibt).

Zum Aufbau des Lehrerhandbuches

Jedes Kapitel wird durch eine theologisch-didaktische Einführung eingeleitet, in der die wichtigsten theologischen und religionspädagogischen Informationen zusammengestellt werden, die dieses Kapitel betreffen. Ebenso sind Anmerkungen zu Leitgedanken und zum Kompetenzerwerb notiert, die den Bezug zum Bildungsplan schaffen. Für jede Doppelseite des Schülerbuchs werden didaktisch-methodische Anregungen gegeben.

Jede Doppelseite folgt demselben Schema, das sich am klassischen Aufbau einer Unterrichtsstunde orientiert:

- Vorbereitung
- Eingangssituation
- Erschließung
- Ergebnissicherung
- Heftgestaltung

Die Orientierung der didaktisch-methodischen Anregungen zu jeder Seite bzw. Doppelseite an einer Unterrichtsstunde darf die L jedoch nicht dazu verleiten, ein Thema innerhalb einer Unterrichtsstunde abzuhandeln. Deshalb sind oft mehrere Anregungen und Alternativvorschläge aufgeführt, um weitere Unterrichtsstunden zu derselben Doppelseite gestalten zu können.

Die Vorbereitung zeigt der L auf, welche Materialien sie für die Religionsstunde benötigt.
Die Eingangssituation gibt Anregungen für einen abwechslungsreichen Einstieg in ein Unterrichtsthema. Dies kann ein Problem sein, für das die S eine Lösung finden, ein Bild, ein Arrangement in der Mitte eines Stuhlkreises oder andere Gesprächsimpulse. Sie alle führen zum Unterrichtsthema hin und motivieren die S, sich damit zu beschäftigen. Spannung wird aufgebaut, weil die L nicht sofort den Inhalt der Stunde preisgibt, sondern die S diesen selbst entdecken.

Der Abschnitt **Erschließung** hilft der L die Inhalte der Unterrichtsstunde mit den S zu erarbeiten. Dabei wurde darauf geachtet, dass den S viele Möglichkeiten der Selbsttätigkeit eingeräumt werden.
Dem Unterrichtsgespräch sollte im Religionsunterricht viel Zeit gewidmet werden. Zu vermeiden sind jedoch lehrerzentrierte Gespräche im Frage-Antwort-Stil. Deshalb wurden im Schülerbuch nur wenige Fragen formuliert, stattdessen Impulse vorgeschlagen, die als Gesprächsanlässe die S zum Nachdenken und Reden führen sollen. Die L hält ihren Redeanteil stets so gering wie möglich und versucht stattdessen, die S untereinander ins Gespräch zu bringen. Sind bereits Gesprächsregeln in anderen Unterrichtsfächern eingeführt, so kann die L darauf zurückgreifen.
Das Unterrichtsgespräch dient methodisch auch dem *Theologisieren* mit Kindern, das auf der Theorie des Konstruktivismus basiert, nach der sich ein Mensch seine Wirklichkeit selbst erschließt. Kinder haben meist durch Erziehung (Elternhaus, Medien, Schule usw.) geprägte Vorstellungen von religiösen Inhalten. Diese sollten in den Religionsunterricht stets eingebracht werden können. Das Unterrichtsgespräch bietet Raum, verschiedene Ansichten und Meinungen kennenzulernen. Aufgabe der L ist es, einerseits den S die Möglichkeit zum Darstellen ihrer Vorstellungen zu geben, sie andererseits aber mit ihren Vorstellungen nicht allein zu lassen. Die S sollen im Unterrichtsgespräch die Meinung bzw. Vorstellung anderer und auch Aussagen der Bibel dazu kennenlernen und sich damit auseinandersetzen. In diesem Prozess bilden sich S ihre eigenen – oft noch vorläufigen – Vorstellungen und entwickeln sie kontinuierlich weiter.
Die Impulse im Schülerbuch („Erzählt …“ oder „Überlegt …“, „Denk nach …“) wollen auch als Gesprächsanlässe zum Theologisieren mit Kindern verstanden werden.

Die Ergebnissicherung vertieft das in der Stunde Erarbeitete und es werden Gesprächsergebnisse festgehalten. Dies geschieht in verschiedenen Sozialformen (Partner-, Gruppen-, Einzelarbeit oder im Klassenverband). Entsteht in dieser Phase eine Gemeinschaftsarbeit, so wurde zum Teil auf den Vorschlag zur Heftgestaltung verzichtet. Umgekehrt kann manche Heftgestaltung als Einzelarbeit eine Ergebnissicherung darstellen. So können Ergebnissicherung und Heftgestaltung manchmal identisch sein, in der Regel wurden sie getrennt ausgewiesen.

Die Vorschläge zur **Heftgestaltung** bieten abwechslungsreiche Methoden, die im Religionsunterricht umgesetzt werden können. Das Heft ist oft das einzige, zumindest aber ein sehr aufschlussreiches Bindeglied zwischen Elternhaus und Religionsunterricht, denn es zeigt den Eltern, wenn auch nur ausschnittweise, was im Religionsunterricht mit den Kindern erarbeitet wurde. Finden sich in einem Religionsheft nur Texte, die von der Tafel abgeschrieben wurden und dazu von den Kindern gemalte Bilder, so bescheinigt dies der L nicht unbedingt einen abwechslungsreichen Religionsunterricht.
Deshalb ermöglichen die Vorschläge zur Heftgestaltung eine größere Vielfalt an bildnerischen Techniken, überwiegend mit Papier, die aus der herkömmlichen Kopie meist eine pfiffige Darstellung des Unterrichtsergebnisses entstehen lassen.
Für die Umsetzung der Vorschläge werden sehr oft Schere und ein Klebestift benötigt. Diese sollten von den S daher stets mitgeführt werden. Findet der Religionsunterricht in einem anderen Zimmer als dem Klassenzimmer statt, so empfiehlt es sich, Scheren und Klebstoff in diesem Raum vorrätig zu haben.
Das Religionsheft kann auch als Portfolio gestaltet werden, in dem nicht nur die im Unterricht erarbeiteten Materialien aufbewahrt werden, sondern auch Schülerarbeiten, die die S zu Hause angefertigt haben, sowie Informationen zu einem Thema, die sie im Internet fanden, oder gestalterische Ideen zu Unterrichtsinhalten. Damit hätte das Heft nicht nur das Image einer Sammlung von Reproduktionen aus dem Unterricht, sondern würde auch die Eigentätigkeit der S dokumentieren.
Wendet die L Mühe auf, das Religionsheft bzw. Portfolio von den Kindern abwechslungsreich und sorgfältig gestalten zu lassen, so haben diese auch viele Jahre nach ihrer Grundschulzeit noch eine gute Erinnerung an ihren Religionsunterricht und werden ihr Heft wie einen Schatz hüten.

Am Ende jeden Kapitels ist ein Impuls eingefügt, der sich bewusst von den anderen unterscheidet. Er dient ersten Ansätzen einer Reflexion über den Lernprozess, also dem *Metalernen*. Auch S im 3. und 4. Schuljahr können zum Nachdenken über die Art des Lernens und zu Rückmeldungen an die L ermutigt werden. Dabei wird der Prozess des selbstständigen Lernens gefördert, ein Anliegen, dem in der weiteren Schulkarriere zunehmend Bedeutung zukommt.

1 In Gottes Schöpfung leben (Seite 4–17)

Theologische Vorüberlegungen

Die erste Schöpfungserzählung (Genesis 1-2,4a)

„Am Anfang schuf Gott Himmel und Erde!" So überschreibt der biblische Erzähler die erste Schöpfungsgeschichte. Sie ist eine theologische Auseinandersetzung der Israeliten im Exil in Babylonien.

Biblisch-historische Informationen

- 597 v. Chr. wurden der König Jojachin und viele Vornehme aus Jerusalem nach Babylonien verschleppt.
- 588 v. Chr., nach der Zerstörung des Tempels und der Stadt Jerusalem, wurden noch einmal viele Juden weggeführt und in verschiedenen Dörfern sowie in der Hauptstadt Babylon angesiedelt. An diese Ereignisse erinnert der Psalm 137, in dem die im Exil Lebenden klagen: „An den Flüssen von Babylon saßen wir, wir dachten an Jerusalem und weinten ..."
- 539 v. Chr. besiegte der Perserkönig Kyros Babylonien. Er erlaubte den Verschleppten, wieder in ihre Heimatländer zurückzukehren.

In der Zeit des Exils wurden die Juden mit einem „modernen" naturwissenschaftlichen und religiösen Weltbild konfrontiert. Astronomie und Astrologie waren dabei unzertrennlich miteinander verbunden.
So lebten nach dem Glauben der Babylonier die Götter in sieben Himmeln auf den Sternen. Um das Schicksal zu erkunden, galt es, sie zu beobachten und die Sternstellungen zu deuten.
Babylons Stadtgott *Marduk* war der höchste Gott, nachdem er in großem Kampf die *Chaosgötter* besiegt hatte. Erde und Menschen wurden aus den Chaosgöttern gebildet, blieben also Chaos, und alles musste den Göttern dienen und ihre Launen befriedigen.
Diesem babylonischen Schöpfungsglauben stellten die jüdischen Gelehrten ihre – ganz andere – Sicht gegenüber:
Gott schuf Himmel und Erde – und siehe, alles war sehr gut!
Das *Chaos* ist vernichtet! Der Himmel ist zum Schutz allen Lebens auf der Erde gemacht. Die Sterne dienen als Lichter am Himmel. Die Menschen, Frau und Mann gleichberechtigt, werden von Gott als Statthalter für alles Geschaffene eingesetzt. Als Ebenbild Gottes dürfen sie schöpferisch tätig sein – aber im Sinne Gottes sollen sie ihre schöpferischen Kräfte dafür einsetzen, den Lebensraum zu erhalten für alles, was lebt. Nicht zum Dienst für Gott ist der Mensch geschaffen, sondern zum Dienst für den Lebensraum Erde.
So schenkt Gott allem Lebenden den 7. Tag als Ruhetag, an dem er der Schöpfung Gottes gedenken und Gott für das Leben danken kann – denn siehe, es ist alles sehr gut. Gott liebt seine Schöpfung, liebt das Leben.
Bei dieser Besinnung muss aber wohl auch gutes und böses Handeln der Menschen in den Blick kommen, wie die Ausbeutung der Erde und die Zerstörung des Lebens.

Die zweite Schöpfungserzählung (Genesis 2,4b-25)

Diese Erzählung folgt in der Bibel später, ist aber früher entstanden, schon etwa um 1000 v.Chr. Die Überschrift: Der Mensch im Paradies. Diese Erzählung setzt sich mit den Erfahrungen in Ägypten auseinander; wieder, um die eigene theologische Erkenntnis verständlich zu machen, so auch der Schöpfungspsalm 104.
Im Mittelpunkt steht die Erschaffung des Adams, d.h. des Menschen; er ist aus Erde, *adama*, gebildet. (Nach alten ägyptischen Vorstellungen gestaltet der Gott Chnum die Menschen aus Lehm auf einer Töpferscheibe.)
Auch in Ägypten sind – wie in Babylonien – die Menschen zum Dienst der Götter geschaffen, insbesondere für den göttlichen Pharao und seinen Hofstaat.
Anders wieder in der Bibel: Der Mensch darf in einem wunderschönen Paradiesgarten leben und hat den Auftrag, ihn zu pflegen und zu schützen.
Aber: Es ist nicht gut, wenn der Mensch alleine ist. Daher werden ihm Tiere gebracht; aber die sind kein wirkliches Gegenüber. Erst als der Mensch Eva erblickt, freut er sich und entflammt in Liebe: „Endlich jemand wie ich! Sie gehört zu mir, weil sie von mir genommen ist." Die gegenseitige Ergänzung von Mann und Frau bedeuten wahres und glückliches Leben. Die zwei sind dann eins, mit Leib und Seele.
Nur *ein* Gebot sollen sie halten: Die Früchte vom Baum der Erkenntnis und vom Baum des Lebens in der Mitte des Gartens sollen sie nicht essen. Das will sagen: Allein Gott gibt die wahre Erkenntnis, allein Gott verdanken wir unser Leben!
„Wer glücklich ist, wer sich nicht verführen lässt von denen, die Gottes Gebote verachten [...], gleicht einem Baum, der am Wasser steht ..."

(Psalm 1). Eva aber lässt sich verführen und sie verführt Adam, Gottes Gebot zu brechen. Sie wollen selbst erkennen, selbst das Leben in die Hand nehmen, selbst entscheiden und müssen erfahren, dass sie nichts haben, nackt vor Gott stehen, schuldig geworden. Sie verlieren ihr Paradies! Doch bevor sie gehen, kleidet sie Gott. Er, ihr Schöpfer, will nicht, dass sie schutzlos gehen müssen.
Der Fortgang der Geschichte zeigt, dass der Verstoß gegen Gottes gutes Gebot zu Egoismus, zu Neid und Hass führt und im Brudermord endet. Dagegen bringt das Vertrauen zu Gott die Erkenntnis, wie sie im Psalm 104 beschrieben wird: Gott ist der Geber allen Lebens. Und wir sollen Ehrfurcht vor allem Leben haben (s. Lebensbild von Albert Schweitzer, Seite 122).

Psalm 104 und auch Psalm 19,1-7 stellen das Schöpferlob allem anderen voran. Dieses Schöpferlob nimmt Paul Gerhardt auf in seinem Lied „Geh aus, mein Herz, und suche Freud ...“. Mit Bildern aus seiner Zeit besingt er die Herrlichkeit der Schöpfung.

Immer neu sollen wir mit den Kindern nachdenken, wie wir gute Statthalter Gottes sein können, wie wir erkennen, wann wir verführt werden, wann wir gegen die Ehrfurcht vor dem Leben versagen, Leben beschädigen oder vernichten.
Gott wird keine neue Sintflut schicken, aber die Menschen selbst, die von Gott die Verantwortung für die Erde erhalten haben, können sie ins Chaos zurückführen.

Leitgedanken und Kompetenzen

Die Schüler und Schülerinnen
- erfahren Gottes gute Schöpfung anhand einer Auswahl von Versen des Psalms 104 und lernen das Danken für das tägliche Brot kennen.
- erleben ganzheitlich in Sprache, Gesang, Spielen, Tanzen und Malen das Wunder der Schöpfung im Lied und der Lebensgeschichte von Paul Gerhardt.
- entdecken in der ältesten Schöpfungserzählung der Bibel (Genesis 2,4b-25) Gottes Liebe in seiner Schöpfung durch die Erschaffung des Paradiesgartens und der Menschen.
- beschreiben das Bild von Emil Nolde „Der große Gärtner“ und entdecken Gottes gutes Handeln.
- malen und gestalten einen Paradiesgarten nach ihren Vorstellungen.
- erkennen den Schöpfungsauftrag an uns Menschen, die Erde zu bebauen und zu bewahren, und die Warnung, sich nicht dazu verführen zu lassen, gegen diesen Auftrag zu handeln.
- erleben betroffen das zerstörte Paradies durch das Zuwiderhandeln gegen Gottes gutes Gebot und sammeln Ideen, wie wir Menschen heute dem Auftrag Gottes gerecht werden können, die Erde zu bebauen und zu bewahren.
- hören vom Mord Kains an seinem Bruder Abel und verstehen die biblische Aussage „Durch Neid ist der Tod gekommen“ (Weisheit 2,24) oder „Wo Neid und Streit ist, da ist Unordnung und lauter böse Dinge“ (Jakobus 3,16).
- überlegen, wie sie selbst körperliche Gewalt vermeiden können.
- nehmen im Hören der Sintflutgeschichte (1. Mose 6) die Folgen widergöttlichen Handelns wahr und erfahren Gottes Bund mit Noah (1. Mose 9) als Neuanfang Gottes mit allen Menschen.

Didaktisch-methodische Anregungen

Seite 5

Vorbereitung

Material:
- Karteikarten mit Begriffen aus dem Psalm 104 beschriften
- Zeitschriften oder Kataloge aus dem Reisebüro mit schönen Naturbildern bereithalten

Eingangssituation

Eingangslied: „Meinem Gott gehört die Welt“ (EG 408)

Die L legt Karten mit je einem Begriff aus den einzelnen Abschnitten (Gliederung s. Seite 5) des Psalms 104 in die Mitte eines Stuhlkreises: Himmel, Berge, Wasser, Tiere, Früchte, Brot usw. Die S überlegen sich einen Satz zu jedem Begriff, in dem Gott für die Schöpfung gedankt wird.
Beispiele: Danke Gott, dass es am Himmel viele Wolken gibt, die mich zum Träumen einladen. Danke für die Berge, von denen wir nach einer Wanderung eine herrliche Aussicht haben usw.

Erschließung

Die Kinder bilden Gruppen. Jede erhält einen

Abschnitt des Psalms auf einem Zettel. Die Kinder überlegen, wie sie ihren Psalmvers mit Orff-Instrumenten darstellen können. Die Vorschläge werden besprochen und anschließend eingeübt. Danach lesen die Gruppen ihren jeweiligen Psalmvers vor und spielen dazu. Die Reihenfolge der Verse ist zunächst zweitrangig. Anschließend wird der Psalm gemeinsam gelesen (Seite 5). Nach jedem Abschnitt spielt die jeweilige Gruppe vor.

Ergebnissicherung

Der Psalm auf Seite 5 wird am Stück gelesen, anschließend wird das gesamte Instrumentalwerk ohne Text musiziert.
Jede Musikgruppe gestaltet zu ihrem Vers eine Collage auf einem Plakat. Dazu hat die L Kataloge und Zeitschriften mitgebracht. Gut geeignet sind Kataloge aus dem Reisebüro, die die Schöpfung von ihrer schönsten Seite zeigen. Als kombinierte Technik können die S auch zu ihren aufgeklebten Bildern malen und ihr Plakat ausgestalten.

Heftgestaltung

Die S wählen sich einen Psalmvers aus und schreiben ihn in ihr Heft. Dazu malen sie ein passendes Bild oder erstellen eine Collage mit Bildern aus Zeitschriften und Katalogen.

Seite 6/7

Vorbereitung

Material:
- Lückentext „Geh aus, mein Herz" **(KV 1.1)**

Information zu den Bildern auf Seite 7:
Bewusst wurde auf eine Illustration der Liedverse verzichtet: „Paul Gerhardt, der humanistisch gebildete Dichtertheologe, baut sein Gartenparadies nicht aus dem, was er sieht, sondern aus dem, was er weiß. Er zeichnet ein idealisiertes Bild von der Natur aus Gottes Schöpfung […] Die Pflanzen und Tiere passen nämlich zu keiner Jahreszeit. Wenn die Schwälbchen ihre Jungen speisen, sind die Tulpen längst verblüht."[1] Der schönste Garten in einer Zeit, in der nach dem dreißigjährigen Krieg der Kurfürst in Berlin seinen Garten als „Lustgarten" neu aufbauen ließ, ist der „Paradiesgarten", das will Paul Gerhardt deutlich machen und setzt damit einen Gegenpol zum menschlichen Herrschaftsanspruch.
Die Bildausschnitte erweitern deshalb den Blick des Liedes auf andere Pflanzen und Tiere, so wie die Kinder im Folgenden ermutigt werden, ihre Beobachtungen aus der Natur in vielfältiger Form zu beschreiben.
Die Bildausschnitte entstammen dem Bild „Maria im Rosenhag" von Martin Schongauer aus dem Jahre 1473, zu finden in der Dominikanerkirche in Colmar. Während auf dem Bildausschnitt links Rosen dominieren, sind es rechts zwei Vögel unter Rosen und in der Mitte ein Fruchtzweig. In ihrer Symbolik erweitern sie das Bild von Tulpen und Narzissen: Die Tulpe steht als Sinnbild für Herrschaft. Die Rose ist seit Alters her ein Symbol der Schönheit, der Liebe, im Christentum steht sie auch für das Paradies. Aspekte, die dem Anliegen Paul Gerhardts nahe kommen. Wichtig in der Beschäftigung mit dem Lied wird sein, über den Text des Liedes hinaus das Staunen und die Freude an der Schöpfung zu wecken.

Eingangssituation

Eingangslied: „Geh aus, mein Herz" (Seite 6)

Den S wird die Aufgabe gestellt, draußen einen Gegenstand zu suchen, der nicht von Menschen gemacht ist (Stein, Blatt, Zweig, Gras usw.). Es sollte darauf hingewiesen werden, dass die Natur bei der Suche nicht zerstört werden darf (keine Blumen abreißen usw.).
Im Stuhlkreis versammeln sich die S und betrachten die gesammelten Schätze. Die L gibt den Impuls: „Betrachte deinen Gegenstand so genau, dass du ihn zeichnen könntest, ohne hinzuschauen."
Anschließend kann ein Gebet formuliert werden, das jeweils mit dem Satz beginnt: „Gott, ich staune über …".

Erschließung

1. Unterrichtsschritt
L erzählt: „Paul Gerhardt lebte vor 400 Jahren. Auch er hat viele schöne Dinge in der Natur entdeckt. Obwohl er dreißig Jahre Krieg miterleben musste, dichtete er viele fröhliche Lieder. In einem Lied beschreibt er besonders die Natur; er dankt Gott dafür. Stellt euch vor, es ist ein warmer Sommertag. Paul Gerhardt geht in seinem Garten spazieren …"

[1] Petra Bahr: Paul Gerhardt – Geh aus mein Herz. Freiburg 2007, S. 105

2. Unterrichtsschritt

Die L unterbricht die Erzählung und lässt die S im Raum umhergehen. Dazu summt sie die Melodie des Liedes oder spielt es auf der Flöte/Gitarre vor bzw. von einem Tonträger ein. Danach singt sie die erste Strophe. Mit den S bespricht sie Bewegungen, die zu dem Text passen. Während die L erneut das Lied singt, führen die S die Bewegungen aus, die sich in der ersten Strophe anbieten: Hand über die Augen legen, Ausschau halten, bei „mir und dir" auf sich und jemanden anderen deuten.
Dies wird mehrfach wiederholt, wobei die S nach einiger Zeit mitsingen.
Für die weiteren Strophen hat die L Abbildungen dabei, die den Liedtext unterstützen sollen: Bäume, Wiese, Narzissen, Tulpen usw.

3. Unterrichtsschritt

Die Strophen im Buch werden gelesen. Sollten sich die Kinder über fehlende Strophen wundern, erklärt die L, dass das Lied insgesamt 15 Strophen hat, aber nicht alle Strophen abgedruckt sind. (Dies geschah einerseits aus Platzgründen: Das ganze Lied ist im Evangelischen Gesangbuch unter Nr. 503 zu finden. Die Strophen 5–7 enthalten weitere detaillierte Naturschilderungen und können ebenfalls mit den S besprochen werden, die Strophen 9–13 reflektieren darüber hinaus das Leben über den Tod hinaus. Die L könnte sie im Kontext des Themas Sterben im Kapitel 4 Seite 95–97 wieder aufnehmen.)
Schwierige und unverständliche Wörter werden im Gespräch geklärt.
Der letzten Strophe sollte besondere Aufmerksamkeit geschenkt werden. Die S vermuten, was mit der „letzten Reis" gemeint sein könnte. Die L erzählt anschließend von Paul Gerhardts Hoffnung, nach seinem Tod von Gott empfangen zu werden und ewig mit ihm wie in einem „Paradiesgarten" zu leben. Er stellt sich sein Leben als blühende Pflanze vor, die dann nach dem Tod auch bei Gott blühen darf.
Mit den S kann über Vorstellungen von Tod und Ewigkeit gesprochen werden.

Ergebnissicherung

Nach der Erarbeitung des Liedes, das in den weiteren Unterrichtssequenzen immer wieder gesungen werden sollte, können die S in Gruppen Bilder zu den Strophen oder zu ihren Vorstellungen von Tod und Ewigkeit malen.
Kinder, die Flöte spielen, können die Melodie einstudieren und den Gesang begleiten.

Das Lied kann auch mit Psalm 104 (Seite 5) verglichen werden. Dabei können Parallelen zwischen den Psalmversen und den Liedstrophen herausgefunden werden. Die Strophen können auch durch Orff-Instrumente begleitet werden, die bereits beim passenden Psalmvers zum Einsatz gekommen sind.

Heftgestaltung

Die S erhalten das Lied als Lückentext **(KV 1.1)**. In die Lücken schreiben sie die ausgelassenen Dinge.

Seite 8/9

Vorbereitung

Material:
- Folie von Seite 9 (Emil Nolde: Der große Gärtner)
- Zeichenblockpapier (DIN A3)
- Reise- und Gartenkataloge
- Ölkreide
- Ggf. Passfoto von jedem Kind

Information zum Bild auf Seite 9:
„Der große Gärtner" von Emil Nolde (1867–1956)
Emil Nolde war einer der bekanntesten Vertreter des Expressionismus. Seine Mutter war eine sehr gläubige Frau und prägte ihre Kinder. Immer wieder bearbeitete Nolde religiöse Themen. Im dritten Reich wurden seine Bilder geächtet. „Der große Gärtner" ist sein letztes großes Gemälde, danach malte er kleine Bilder. Die starken, leuchtenden Farben motivieren die Kinder, selbst ein Gartenbild zum Thema Schöpfung zu malen.

Eingangssituation

Eingangslied: „Geh aus, mein Herz" (Seite 6)

Die L zeigt das Bild von Emil Nolde auf einer Farbfolie, deckt aber die oberen zwei Drittel samt der Blume ab, sodass nur die Baumstämme und der Blumenstängel sichtbar sind. Die S beschreiben das Bild und vermuten zunächst lauter gleiche Pflanzen. Danach deckt die L die Bäume, die Blume sowie die Hand des Gärtners auf, legt also ein Blatt schräg auf die Folie, sodass nur diese Teile sichtbar werden. Die Kinder entdecken die merkwürdige Form der Hand mit fünf Fingern, die ebenso für einen Rechen gehalten werden könnte. Mit dem Rechen wird der Garten gepflegt, dassel-

be tut der Gärtner mit seiner Hand – so könnte man interpretieren.
Die S benennen weitere Dinge, die auf dem Bild zu sehen sind.

Erschließung

Bevor das Bild als Ganzes betrachtet wird, sprechen die S über ihre Gottesvorstellungen. Die L gibt zu der Hand, die auf dem Bild zu sehen ist, folgenden Impuls: „Diese Hand steht als Zeichen für jemand, der die Welt erschaffen hat. Ihr habt sicher auch Vorstellungen von der Erschaffung der Welt."
Nun schauen sich die S das Bild als Ganzes an und teilen sich ihre Eindrücke mit. Die L gibt im Gespräch den weiteren Impuls: „Der Künstler hat eine bestimme Vorstellung von Gott, als ob Gott einen bestimmten Beruf hat."
Nach diesem Gespräch lesen die S den Text auf Seite 8 „Am Anfang". Auf kleine Sprechblasen aus Papier schreiben sie jeweils eine Sache, die Gott geschaffen hat. Diese Sprechblasen legen sie anschließend ins Buch an den Mund des Gärtners auf dem Bild von Nolde. Damit soll verdeutlicht werden, dass Gott „sprach" und nur durch sein Wort die Welt erschuf.
Die L kann dazu Teile des Schöpfungsliedes 1. Mose 1 (aus der Lutherbibel) vortragen. Dabei kann darauf hingewiesen werden, dass es schon in der Bibel unterschiedliche, *sich ergänzende* Vorstellungen über den „Schöpfergott" gibt.
Sie führen alle zum Bekenntnis: Wir glauben, dass Gott diese Welt geschaffen hat.

Ergebnissicherung

Auf einem Zeichenpapierbogen (DIN A3) gestalten die S die Erde als Wüste. Danach lesen sie in Einzelarbeit den Text der rechten Spalte: „Das Paradies". Auf ein neues Plakat kleben und malen sie ihre Vorstellungen vom Paradies. Bilder sind in Reise- und Gartenkatalogen zu finden. Um kräftige Farben zu erzielen, eignen sich Ölkreiden. (Nicht vergessen: Tische abdecken!) In die Mitte des Bildes kleben die S ein Passfoto von sich oder sie malen sich selbst. Die Bilder werden verglichen.

Heftgestaltung

Die S schreiben aus jedem Abschnitt der Seite 8 des Buches einen Satz ins Heft und malen dazu ein passendes Bild. In die Mitte schreiben sie: Danke Gott, dass ich in deiner Welt leben darf.

Seite 10/11

Vorbereitung

Material:
- Bildkarten **(KV 1.2)**

Eingangssituation

Eingangslied: „Geh aus, mein Herz" (Seite 6)

Die L hat die beiden Begriffe „bebauen" (links) und „bewahren" (rechts) an die Tafel geschrieben. Die L hält eine der vorbereiteten Bildkarten hoch und die S stellen sich an der Tafel vor den Begriff, der ihrer Meinung nach dem Bild auf der Karte zuzuordnen ist. Sie benennen und begründen ihre Wahl. Dabei ist zu beachten, dass die Zuordnung auch bedeuten kann, dass ein Begriff dem Anliegen „Bebauen" bzw. „Bewahren" entgegenwirkt. Dies ist mit den S zu thematisieren. Statt der Bildkarten können auch Wortkarten verwendet werden.

Alternative zum vorangehenden Schritt:
Die L gibt den S Umrisse von Bäumen aus grünem Tonpapier, ähnlich der Zeichnung auf Seite 10. Sie schreiben auf, was ihnen zum Thema „Bebauen und bewahren" einfällt.

Die L liest den Text auf Seite 10 vor.

Anschließend werden die beiden Begriffe „bebauen" und „bewahren" konkretisiert im Blick auf den Auftrag Gottes und die „Weltverantwortung" der S.

Erschließung

Die S sitzen im Stuhlkreis. Die L legt die Bildkarten **(KV 1.2)** auf dem Boden aus. Jeder S nimmt sich eine der Karten und erzählt von seinen Erfahrungen und Kenntnissen. Ebenso kann über die Notizen der S auf den Bäumen aus Tonpapier gesprochen werden.

Die S werden nach draußen geschickt, um fünf bis sieben Gegenstände zu sammeln, die sie für wertlos halten. Die Gegenstände dürfen nicht größer als ein Zeigefinger sein. Anschließend bilden drei bis fünf S eine Gruppe. Der Arbeitsauftrag lautet: „Baut aus euren Gegenständen eine Welt, in der Menschen leben können." Als Unterlage dient Plakatkarton. Jeder S erhält eine Halmafigur, die er zum Schluss in diese geschaffene „Welt" stellt. Im

Gestalten erleben die S, dass die zunächst für wertlos gehaltenen Materialien für ihre Gestaltung Bedeutung gewinnen.

Ergebnissicherung

In einem Rundgang betrachten die S ihre Werke. Im Gespräch über die einzelnen Welten wird der „Wert" der „wertlosen" Materialien herausgestellt. Danach schreiben sie auf ihr Plakat, was ihnen an ihrer „Welt" gefällt, und erfinden einen Namen für sie.
Alle Plakate werden in die Mitte des Stuhlkreises gelegt.
Die L liest den Text auf Seite 10 vor.
Die S sprechen über den Text und beziehen ihre „Welten" mit ein.

Heftgestaltung

In einen Baum aus grünem Tonpapier werden verschiedene Möglichkeiten, die Erde zu bebauen und zu bewahren, geschrieben.
Des Weiteren kann die Tabelle (Eingangssituation) von der Tafel ins Heft übertragen werden. Die Karten werden dazu in die Mitte der Tafel gehängt, sodass sie die S erneut zuordnen müssen.
Überschrift: Gott gab uns den Auftrag, die Erde zu bebauen und zu bewahren

Wurde als Einstieg ein Tonpapierbaum verwendet, so kann dieser entweder ins Heft geklebt werden oder die S gestalten ein Plakat mit ihren Bäumen, sodass als Gemeinschaftsarbeit ein Wald entsteht.

Seite 12/13

Vorbereitung

Material:
- Papierschlange
- Evtl. Karten mit Schlagwörtern
- Lied „Menschenkinder auf Gottes Erde" **(KV 1.3)**

Eingangssituation

Eingangslied: „Brich mit dem Hungrigen dein Brot" (EG 420) oder „Hilf, Herr meines Lebens" (EG 419)

Die L schreibt den Satz an die Tafel: „Wenn ich einen Tag lang ein König wäre und über die Welt herrschen könnte, dann ..." Die S ergänzen den Satz mündlich.

Im Unterrichtsgespräch wird erarbeitet, welche Möglichkeiten Menschen haben, Gutes und Böses zu tun. Der Auftrag Gottes an die Menschen, die Erde zu bebauen und zu bewahren, wird wiederholt.

Erschließung

1. Unterrichtsschritt
Die S sitzen im Stuhlkreis. Seite 13 im Buch wird betrachtet. Die Kinder beschreiben die Bilder und vergleichen sie mit denen auf Seite 11. Die L gibt dazu den Impuls: „Manchmal missachten die Menschen den Auftrag Gottes." Die S erarbeiten zu jedem Bild Möglichkeiten, was Menschen tun können, um das Böse zu verhindern. Dazu erhalten sie zu zweit ein Schlagwort oder einen Satz auf einer Karte, wie „radioaktive Verstrahlung", „Chemieabfälle", „Wasserverschmutzung", „Menschen hungern", „Bäume sterben" usw., auf der sie notieren, welche Möglichkeiten sie sehen.

2. Unterrichtsschritt
Die S nennen weiteres Böses, das sie aus den Medien kennen. Sie überlegen, warum es das Böse wohl in unserer Welt gibt. Als Impuls legt die L eine Schlange aus Papier ausgeschnitten in die Mitte des Stuhlkreises. Sie steht als Symbol für das Misstrauen unter Menschen, das zur Angst führt, etwas zu versäumen, zu kurz zu kommen.

3. Unterrichtsschritt
Die Geschichte auf Seite 12 wird gelesen oder von der L erzählt, anschließend von den Kindern in der Weise wie im Buch beschrieben nachgespielt. Da viele Kinder wissen, dass Adam und Eva in der Bibel als nackt beschrieben werden, sollte die Geschichte nur gespielt werden, wenn die S dies entsprechend dem Text im Buch mit einer gewissen Ernsthaftigkeit vermögen.

Ergebnissicherung

Aus Zeitungen schneiden die S Schlagzeilen aus, die vom Bösen in der Welt berichten, und fertigen eine Collage an. Die S erarbeiten gemeinsam einen Text für den Hefteintrag, den die L an der Tafel notiert.

Heftgestaltung

Die S legen eine zweispaltige Tabelle im Heft an.
Überschrift: Gott gab den Menschen einen Auftrag. Sie sollten die Erde bebauen und bewahren

In die linke Spalte schreiben die S Situationen, in

denen „Die Erde weint", in die rechte „Was wir Menschen tun können".
Als Abschluss kann das Lied „Menschenkinder auf Gottes Erde" gesungen werden **(KV 1.3)**.

Seite 14/15

Vorbereitung

Material:
- Bild eines Opferstocks **(KV 1.4)**
- Ein schwarzer und ein weißer Kreis aus Tonkarton (Durchmesser ca. 15 cm)
- Leere Karteikarten (DIN A6), die die L im Laufe des Gespräches beschriftet
- Zwei Karteikarten mit den Namen Kain und Abel
- Dickerer Filzstift

Information für die L:
Bedeutung des Opfers im Alten Testament:
Das wichtigste Motiv des Opferns war der Dank für das Leben, das Essen, die Kleidung …
Ein anderer Grund war die Sühne für die Verstöße gegen Gottes Gebote.
Später gab es immer mehr rituelle Opfer der Priester im Tempel. Jesus sagt: „Gerechtigkeit will ich, nicht Opfer …" Diese Aussage bezieht sich vor allem auf diese rituellen Opfer. Jesus selbst ist das „Passahlamm".

Eingangssituation

Eingangslied: „Brich mit dem Hungrigen dein Brot" (EG 420)

Die L zeigt das Bild, auf dem ein Opferstock **(KV 1.4)** dargestellt ist, wie er in vielen Kirchen steht. Kinder, die den Gegenstand erkennen, erzählen, was sie darüber wissen. Die L schreibt den Namen des Gegenstands – Opferstock – an die Tafel.
Die S äußern sich zum Begriff „Opfer": Man kann nicht nur Geld opfern. Die S zählen auf, was man alles opfern kann.

Erschließung

1. Unterrichtsschritt
Die S versammeln sich im Stuhlkreis. Die L erzählt vom Brauch des Opferns im Alten Testament: Opfern war eine Form, in der Menschen ihr Verhältnis zu Gott gestalteten, als Dank für ihr Leben, als Zeichen ihrer Achtung vor Gott. Damit verbunden war auch die Bekräftigung der Bitte um Hilfe, um Vergebung von Schuld und Übertretungen.

2. Unterrichtsschritt
Die L erzählt die Geschichte von Kain und Abel (s. Seite 14).

3. Unterrichtsschritt
Als stummen Impuls legt die L einen weißen und einen schwarzen Kreis in die Mitte. Mit den S wird erarbeitet, was sie mit diesen beiden Kreisen verbinden (weiß/hell: schön, gut, erfreulich, Sonne, Glück …; schwarz/dunkel: finster, macht Angst, böse, Nacht, Unglück …; Begriffe auf den jeweiligen Kreis schreiben).
Nun gibt die L den Impuls, über Handlungen und Taten nachzudenken, die einem der beiden Kreise zuzuordnen sind. Sie schreibt die entsprechenden Verben auf Karteikarten und legt sie jeweils dazu. Schon hier wird deutlich, dass die Zuordnungen nicht immer eindeutig sind.
Die L zeigt nun die beiden Karten mit den Namen Kain und Abel. Die S ordnen Kain und Abel den beiden Kreisen zu.
Die L fragt, inwieweit nicht jeder der beiden auch Dinge getan hat, die mit dem anderen Kreis in Verbindung gebracht werden können.
Abschließend ordnet die L alle Karten und die Kreise bunt durcheinandergemischt in einer Kreuzform auf dem Boden an und lässt die S sich zu diesem stummen Impuls äußern. Das Kreuz erinnert an Jesus.
Die L regt die S an, sich an Geschichten zu erinnern, in denen Menschen Erfahrungen mit Jesus gemacht haben, in denen er ihnen die Last böser Taten/der Schuld abgenommen, ihnen vergeben hat.

4. Unterrichtsschritt
Die S betrachten die Bilder auf Seite 15. Sie erzählen von ähnlichen Situationen, die sie selbst erlebt haben, auch von solchen, bei denen sie selbst diejenigen waren, die böse handelten.

Im Unterrichtsgespräch wird herausgearbeitet, dass die Fotos in einer Kreuzform auf rotem Grund angeordnet sind.
Wieder entwickelt die L mit den Kindern, dass das Kreuz auf Jesus Christus hinweist:
„Wie Gott Kain hilft, zu leben trotz dessen Schuld, so gibt uns Jesus Christus immer wieder Mut und Kraft zum Leben, er vergibt, wenn wir Böses getan haben und es bereuen."

Ergebnissicherung

Noch einmal zeigt die L das Bild vom Opferstock und erklärt den S, dass heutige Opfer aus Dankbarkeit geschehen, nicht aber, um sich etwas bei Gott zu verdienen.

Heftgestaltung

Die S malen den Umriss eines Kreuzes in ihr Heft. Dahinein schreiben sie, was an Taten („gut und böse") sie auf Karten schon zusammengestellt haben. Sie können sich auch vom Bild auf Seite 15 des Buches anregen lassen.
Überschrift: Kain erschlug seinen Bruder Abel

Darunter schreiben sie:
„Kain hat Böses getan. Aber Gott rächt sich nicht. Kain bleibt unter seinem Schutz.
Gott vergibt auch uns, wenn wir Böses getan haben. Jesus hilft uns."

Alternative:
Die L zeigt nochmals das Bild vom Opferstock. Das Lied „Brich mit den Hungrigen dein Brot ..." wird gesungen. Die L bespricht mit den S die vier Sätze des Liedes, in denen ausgedrückt wird, was heutige „Opfer" sein können.

Seite 16/17

Vorbereitung

Material:
- Die Geschichte von Noah und der Arche **(KV 1.5)**
- Vorlage „Pop-up-Bild Regenbogen" **(KV 1.6)**

Informationen zum Bild auf Seite 17:
Sieger Köder: „Sintflut: Am Abend kam die Taube wieder"
Faszinierend ist der Regenbogen. Das Spiel der Farben zeigt ein weites, fast unbegrenzt scheinendes Ausgespanntsein, das Himmel und Erde verbindet. Die dunklen Wolken zeigen, dass Regen mit im Spiel ist. Nach der großen Flut – nun wieder Licht am Horizont.
Unten, in den Fluten, noch all das Furchtbare, Zerstörte.
Die Untergangsstimmung – unter der Arche!
Aber Gott schafft Neues. Gott will seine Schöpfung neu beleben.
Noah ist mit seiner Arche auf dem Felsen fest verankert.
Jesus sagt in der Bergpredigt: „Wohl den Menschen, deren Haus auf Fels gebaut ist. Es hält Stürmen stand ..." (Mt 7,24-29).
Der Regenbogen spiegelt sich auf dem Gesicht von Noah und der Arche. Gott ist es, der gerettet hat und einen neuen Bund schenkt.
Oft wird das in der Bibel erzählte Detail übersehen, dass Noah vor der Taube einen Raben aus der Arche schickt (1. Mose 8,7), der umherirrt, bis die Wasser sich verlaufen haben und nicht zur Arche zurückkehrt, auf dem Bild rechts wegfliegend zu entdecken.
Die Tauben, die zweite in der Mitte mit einem grünen Ölzweig, sind Zeichen des Friedens, der Hoffnung auf einen gemeinsamen Anfang, im Bild wie der Regenbogen angeordnet.
Ein drittes Mal fliegt die Taube aus, nun hinein in die neue Zukunft, die Gott schenkt.

Eingangssituation

Lied: „Befiehl du deine Wege ... (EG 361) oder die L liest den ersten Abschnitt des Textes auf Seite 16 bis „böse geworden" vor. Dann zeichnet die L ein Fragezeichen an die Tafel. Dieser Impuls kann durch das Hinzufügen des Wortes „Gott" noch verstärkt werden. Die S vermuten, was Gott nun tut, nachdem die Menschen so böse sind.

Erschließung

1. Unterrichtsschritt
Die L erzählt die Geschichte von Noah **(KV 1.5)**. Dazu kann sie Bilder aus Bilderbüchern verwenden. Doch sollte sie darauf achten, dass die schwimmende Arche nicht als fröhliche Kahnfahrt dargestellt ist, bei der die Tiere aus allen Luken der Arche grinsen.

2. Unterrichtsschritt
Nach der Erzählung wird das Bild von Sieger Köder betrachtet. Die S beschreiben zunächst, was sie sehen. Dann sollten Fragen von den S dazu gestellt werden. Beispiel: Warum sind drei weiße Vögel und ein schwarzer Vogel auf dem Bild? Was bedeuten die Totenköpfe am unteren Bildrand? Schließlich können einzelne Elemente des Bildes gedeutet werden.

Ergebnissicherung

Die S spielen das Spiel „Montagsmaler". Die Klasse bildet zwei Gruppen. Aus dem Bild von Sieger Köder wählt einer der Gruppe ein Bildelement aus (Taube, Arche, Regenbogen, Tier

...) und zeichnet es an die Tafel.
Die anderen S müssen es erraten. Wer es zuerst nennt, gewinnt für seine Gruppe einen Punkt.
Zum Schluss zeichnet die L in gewissem Abstand nebeneinander die Bilder aus dem Vers 1. Mose 8,22 an die Tafel (Erde, Saat, Erntekorb, Schneeflocke, Sonne usw.).
Nachdem die Bilder erraten wurden, schreibt die L in die Zwischenräume der Bilder den Bibelvers.
Die S lernen 1. Mose 8,22 auswendig.

Heftgestaltung

Die S schneiden den Regenbogen und die Tiere aus **(KV 1.6)** und kleben sie als Pop-up-Bild in ihr Heft (s. u.).
Dazu schreiben sie Gottes Versprechen (📖 Seite 16): „Es soll nie wieder ...“ oder den Vers 1. Mose 8,22 aus einer Lutherbibel („Solange die Erde steht ...“).

2 Jesus begegnen (Seite 18–53)

Theologische Vorüberlegungen

Zu Beginn seiner Verkündigungstätigkeit wird Jesus von Nazareth von Johannes dem Täufer gefragt: „Bist du es, der da kommen soll, oder sollen wir auf einen andern warten?" Und Jesus ließ Johannes ausrichten: „Geht hin und sagt Johannes, was ihr hört und seht: Blinde sehen und Lahme gehen, Aussätzige werden rein und Taube hören, Tote stehen auf, und Armen wird das Evangelium gepredigt; und selig ist, wer sich nicht an mir ärgert."

Das Wissen um Jesus, das die S im 1. Band erworben haben, wird im 2. Band vertieft. Die biblische Botschaft wird in den Horizont der Verkündigung des Reichs Gottes gestellt. Jesus befreit Menschen, lehrt sie das Reich Gottes, geht den Weg zum Kreuz und wird von Gott erhöht.

In Kapitel 2 wird auf den ersten 16 Seiten (Seite 18–33) sachlich über Jesus und seine Zeit sowie seinen Glauben als Jude erzählt. Die Kinder sollen erfahren, wie die Menschen um Jesus gelebt haben und in welchem Glauben Jesus verwurzelt war.

Wir Christen glauben, dass mit Jesus Christus eine neue Zeit begonnen hat, in der die Zeichen der „Herrschaft Gottes" sichtbar wurden und immer wieder werden. Mit ihnen wird auch ein eindimensionales Denken aufgebrochen, das sich in naturwissenschaftlichen Kausalitäten oder den Kategorien von Tun und Ergehen erschöpft. Dabei geht es nicht darum, die Überwindung der naturwissenschaftlichen Gesetze zum Programm biblischer Erzählungen zu erheben, es geht vielmehr darum, in einem ganzheitlichen Sinne zu entdecken, dass diese Welt, die wir als die Schöpfung unseres Gottes verstehen, mehr ist, als wir mit den Mitteln der Naturwissenschaft beschreiben und verstehen können.

Wenn Jesus heilt, zeigt er Dimensionen von Leben auf, die weit über eine körperliche Heilung hinausgehen; wenn er befreit, sprengt er den Rahmen des Erwarteten und eröffnet neue Lebenschancen. Mit seinem Leiden, Sterben und der Auferweckung durch Gott hält er Menschen einen Spiegel tiefster Erfahrungen vor und versichert sie seiner Solidarität.

Zu den Texten im Einzelnen (Seite 34–53):
Unter der Überschrift „Jesus befreit" wird eine Sabbatheilung erzählt (Seite 34), in der Jesus das Sonntagsgebot neu interpretiert und den Blick weg von den engen Zäunen eines Gebotes auf den Sinngehalt lenkt. „Ist es erlaubt, am Sabbat Gutes zu tun?" So fragt Jesus. Aber Vorsicht! An anderer Stelle wird das Wort „gut", das uns oft so leicht von den Lippen geht, problematisiert. Jesus fragt im Matthäusevangelium: „Was fragst du mich nach dem, was gut ist? Gut ist nur Einer" (Mt 19,17). Und direkt vor dieser Erzählung sagt Jesus bei Markus: „Der Sabbat ist um des Menschen willen gemacht und nicht der Mensch um des Sabbats willen" (Mk 2,27). So befreit Jesus aus Zwängen, ohne das Gebot in seiner Substanz anzurühren, vielmehr wird es auf seinen Kern zurückgeführt.

Die Erzählung von der verkrümmten Frau (Seite 35) zeigt eine doppelte Befreiung. Wieder geht es um die Frage, ob am Sabbat Gutes getan werden darf. Die Souveränität Jesu im Umgang mit dem Sabbatgebot wird hier wieder deutlich. Aber auch die Frau erfährt Befreiung: Wer gekrümmt ist, wird von einer Last niedergedrückt. Viele Ausleger und Prediger haben mit Fantasie erschlossen, um was es sich da wohl handeln mag. Vorsicht ist geboten. Markus redet von einem „Geist", dem Satan. Dahinter steht die Auffassung, dass Krankheit und Tod einer widergöttlichen Macht entspringen. In die Übertragung können sicher viele psychosomatische Erkenntnisse heutiger Medizin einbezogen werden. Aber auch hier würde die Deutung am Zeichenhaften der „Reich-Gottes-Verkündigung" vorbeigehen, würde man am medizinisch-sichtbaren Befund hängen bleiben. Indem die Frau wieder aufrecht gehen, stehen kann, hat sie von Jesus eine neue Würde bekommen; sie wird vor allen anderen mit Wertschätzung angesprochen, gleichgültig, was an Schuldhaftem vielleicht die Belastung ausgemacht hat. Die Frau kommt zu Jesus – das gilt.

Schließlich ist es dieselbe Ebene, auf der auch ein Zachäus Befreiung erfährt (Seite 37). Hier wird deutlich, dass die Lösung aus Verstrickungen kein einmaliges Geschehen ist, sondern immer wieder neu zugesagt und nachvollzogen werden muss. Man beachte, dass die Geschichte des Zachäus bei Lukas mit der Bestärkung und Zusage Jesu endet. Was Zachäus tut, wie es ihm dabei geht, was ihm im Verlaufe seines weiteren Lebens gelingt oder misslingt, davon erzählt Lukas nichts und im Unterricht sollte man aufpassen, aus der Zachäus-Episode kein Märchen mit entsprechendem Ausgang zu machen. Die Zachäus-Erzählung wird tagtäglich von uns Menschen weitererzählt, weitergelebt; auf dem Schulhof genauso wie im Bus, in der Straßenbahn oder im Berufsleben.

Mit den Gleichnissen vom barmherzigen Samariter (Seite 38) und dem gütigen Vater (Seite 40) werden bildhaft Erfahrungen eines liebenden Gottes erzählt: So geht es zu im Herrschaftsbereich Gottes, wenn wir es nur zulassen.

Schließlich wird die Passionsgeschichte Jesu nach Markus mit Elementen eines Kreuzganges abgebildet und erzählt. Während aber in den Kreuzgängen der kath. Kirchen die Passionsgeschichte dargestellt wird, werden im Buch neben einzelnen Darstellungen aus der Kunst vorwiegend aktualisierende Impulsbilder beigefügt. Jeder Doppelseite werden Bildreihen, vorwiegend jeweils ein Motiv besonders betonend, beigefügt. (*Tempelreinigung:* Lärm – Stille; *Abendmahl:* Gemeinschaft, Trost; *Verleugnung:* der weinende Petrus unter dem Hahn; *Kreuzestod:* Dunkelheit, durch die aber auch Licht strahlt. Das bedeutet: Der Kreuzestod Jesu ist – nicht nur für Kinder – ohne die Aussicht auf seine Auferweckung nicht auszuhalten; *Auferweckung/Auferstehung:* Ei als Symbol neuen Lebens, die Osterkerze: Wer macht unser Leben hell?)

Zu den Erzählungen kann immer wieder sachkundig auf den ersten Seiten (Seite 19–29) des Kapitels nachgeschlagen werden, auf denen das Leben in Palästina zur Zeit Jesu veranschaulicht wird.

Leitgedanken und Kompetenzen

Durch Begegnungen mit Geschichten aus den Evangelien erfahren die Kinder, dass
- Jesus Christus in Gleichnissen von der Liebe Gottes erzählt. Jesus lässt Menschen in der Begegnung mit ihm diese Liebe erfahren.
- Jesus in diesen Begegnungen durch Wort und Tat Zeichen des Reichs Gottes aufscheinen lässt.
- Jesus Jude war und die jüdischen Feste gefeiert hat.

Sie lernen
- das christliche Bekenntnis, dass in Jesus Christus Gott zu den Menschen kommt, kennen und entdecken, dass in vielen biblischen Texten Erfahrungen mit Gott erzählt werden (Gott befreit, begleitet, versöhnt, stärkt, tröstet, „begeistert" ...).
- wichtige Stationen des Lebens Jesu Christi kennen, insbesondere sein Leiden, Sterben und seine Auferweckung durch Gott.

Die Kinder werden ermutigt, wie andere Menschen Jesus Christus zu vertrauen und nach seinem Vorbild zu handeln.
Sie bringen ihre existenziellen Grundfragen in altersgemäßer Weise mit Gott in Verbindung.

Didaktisch-methodische Anregungen

Seite 19–29

Wer sich mit Zeit und Umwelt Jesu im Unterricht befassen möchte, dem seien Geschichten von Ursula Wölfel (z.B. Isaak und Claudius[1]) oder von Christa Heller[2] empfohlen.
Eine detaillierte Betrachtung der Bilder des Schulbuches bietet sich an, z.B. ein Vergleich der römischen Stadt (Seite 19) mit dem jüdischen Dorf (Seite 20).
Didaktisch interessant ist es auch, mit den S den Tagesablauf einer kleinen Familie in einem jüdischen Haus nachzufantasieren (Seite 21–23).
Die Berufe (Seite 26 f.) spielen auch in der o.g. Geschichte von Ursula Wölfel eine Rolle. Sie können Josef (Zimmermann) und Petrus sowie weiteren Jüngern (Fischer) zugeordnet werden.
Die Texte zum Tempel und zur Synagoge (Seite 28 f.) können vertiefend hinzugezogen werden, wenn es um Jesu religiöses Leben und die Passion geht.
Gedacht sind die Seiten 18 bis 29 vorwiegend als kleines Lexikon, das die S durchblättern und immer wieder zurate ziehen können.

Seite 30

Vorbereitung

Material:
- Lied „Lasst uns von Jesus singen" **(KV 2.1)**
- Puzzleteile, die einen Davidsstern ergeben **(KV 2.2, vergrößert)**

---

[1] NEIDHART; WALTER/EGGENBERGER; HANS (Hrsg.): Erzählbuch zur Bibel. Kaufmann 1975, S. 163 ff.
[2] HELLER, CHRISTA: Geschichten zur Umwelt Jesu. Patmos Verlag 2002

- Textkarten (Karteikarten DIN A6): Erlöser, Christus, Messias, Retter, Sohn Gottes, Jesus
- Bildkarte „Umrisse eines Fischs" **(KV 2.3, vergrößert)**
- Steckbrief Jesus **(KV 2.4)**

Eingangssituation

Zu Beginn jeder Stunde kann das Lied „Lasst uns von Jesus singen" **(KV 2.1)** gesungen werden.

Die L teilt an jeden S ein Puzzleteil aus **(KV 2.2, vergrößert)**. Die Teile werden zusammengesetzt und ergeben einen Davidsstern. Die S äußern sich dazu.
Anschließend notieren die S auf ihrem Puzzleteil Fragen zum Judentum, zu Juden und wie diese leben, was sie glauben etc. Die Teile werden von der L in einer Schachtel aufbewahrt und während der Einheit beantwortet. Dazu bekommen einige S jeweils eine Frage mit dem Auftrag, sich zu Hause darüber zu informieren.

Erschließung

Die S wiederholen die Weihnachtsgeschichte nach Lukas 2. Die L erzählt von der Kindheit Jesu. Hilfreich sind Abbildungen vom Tempel oder ein Modell (Seite 28). Im Anschluss an die Erzählung lesen die S die Geschichte auf Seite 30.

Ergebnissicherung

Die L legt die Umrisszeichnung einer menschlichen Figur in die Mitte des Stuhlkreises und weist darauf hin, dass diese Jesus darstellen soll.
Die S sammeln Bezeichnungen für Jesus, die im Anschluss geklärt werden.
Messias (der Gesalbte), Christus, Erlöser, Retter, Heiland ...

Alternative:
Die L legt eine Umrisszeichnung eines Fisches **(KV 2.3)** in die Mitte des Stuhlkreises. Vorbereitet sind Textkarten (Karteikarten DIN A6) mit den Worten Erlöser, Christus, Messias, Retter, Sohn Gottes, Jesus ...
Ein Gespräch über die Bedeutung der Textkarten als Bezeichnungen für Jesus und sein Wirken schließt sich an.

Exkurs:
Der Fisch ist ein urchristliches Symbol und ergibt sich aus den Anfangsbuchstaben des griechischen Wortes für Fisch: ICHTHYS.

I = **J**esus
CH = **Ch**ristus, der Gesalbte (hebräisch = Messias): Gesalbt wurden Könige. In Israel war eine Hoffnung auf die Befreiung des Volkes von fremder Herrschaft mit der Vision verbunden, dass ein endzeitlicher König David wiederkommt, in Erinnerung an die in den Samuelbüchern erzählte Befreiung Israels von den Philistern.
TH = **Th**eou (griech.), deutsch: Gottes
Y = **Y**ios (griech.), deutsch: Sohn
S = **S**oter (griech.), deutsch: Retter, Erlöser, Befreier (s. o. zu Christus), in älterem Deutsch auch Heiland

Heftgestaltung

Die S schreiben einen Steckbrief über Jesus ins Heft. Diesen kann die L vorgeben **(KV 2.4)** oder gemeinsam mit den S entwickeln. Er kann auch in eine Fischform geschrieben werden. Die in der Ergebnissicherung festgestellten Begriffe sollten wieder auftauchen.

Seite 31

Vorbereitung

Material:
- Schilderung einer Bar-Mizwa-Feier **(KV 2.5a, b)**
- Gegenstände und Bilder aus der jüdischen Glaubenspraxis
- Schaschlikspieße
- Holzperlen

Eingangssituation

Die L schreibt die Worte „Bar Mizwa" an die Tafel. Wenn die S etwas dazu wissen, wird darüber in der Klasse berichtet.
Darunter schreibt sie das Wort „Bar-timäus".
Damit sollen die Schüler darauf aufmerksam gemacht werden, dass Bar ein hebräisches Wort ist, oft auch Bestandteil eines Namens (Bar-Timäus = Sohn des Timäus). Die S erinnern sich an den Namen und schildern kurz die biblische Geschichte.

Erschließung

1. Unterrichtsschritt
Die L liest die Schilderung einer Bar-Mizwa-Feier vor **(KV 2.5a, b)**.

2. Unterrichtsschritt

Die S erhalten den Text **(KV 2.5a, b)** als Kopie. Sie unterstreichen Wörter, die ihnen fremd sind. Dann formulieren sie in Gruppen Fragen zu dem Text. Diese stellen sie den anderen Gruppen vor. Gemeinsam mit der L erarbeiten die S den Ablauf einer Bar-Mizwa-Feier. Dieser wird stichwortartig an der Tafel festgehalten.

3. Unterrichtsschritt

Die Bilder auf den Seiten 30 und 31 werden betrachtet. Einiges werden die S aus der Geschichte wiedererkennen.
Die Fragen, die noch auftauchen, werden gesammelt. Hilfreich ist es, wenn die L einzelne der erwähnten Gegenstände als Anschauungsmaterial mitbringt und den S zeigt (Zeiger, kleine Torarolle, Tallit, Gebetskäppchen ...); es können auch Fotos verwendet werden. Wichtig ist, zu beachten, dass es sich um Kultgegenstände handelt, mit denen achtsam und in Respekt vor dem Glauben der Juden umzugehen ist.

Ergebnissicherung

Die L entwirft zusammen mit den S einen Brief an eine sachkundige Person (wenn möglich ein kundiges Gemeindeglied einer nahen jüdischen Gemeinde oder eine über die Kirche vermittelte kompetente Persönlichkeit), in dem alle Fragen formuliert sind, die sich aus dem Unterrichtsgespräch ergeben haben.

Heftgestaltung

Ein längs halbiertes DIN-A5-Blatt wird zu einer Tora-Rolle gerollt. An den Enden befestigen die S rechts und links abgestumpfte Schaschlikspieße aus Holz. (Wenn auf die „Spieße" jeweils Holzperlen gesteckt werden, können die Rollen nicht mehr ins Heft geklebt werden. Daher können die Perlen auch weggelassen werden, allerdings ist die Rolle dann nicht mehr so eindrücklich.)
Auf die Innenseite schreiben sie einen Bibelvers aus dem Teil der Bibel, den Christen mit Juden gemeinsam haben und der sich auf das „Wort Gottes" bezieht.
Beispiele: „Ich behalte dein Wort in meinem Herzen" (Psalm 119, 11).
Oder: „Dein Wort bleibt ewiglich, so weit der Himmel reicht" (Psalm 119, 89).
Den ausgewählten Vers lernen die S auswendig.
Die Tora-Rolle kleben sie in ihr Heft, sodass sie eingerollt werden kann.

Seite 32/33

Vorbereitung

Hinweis für die L:
Zum jüdischen Glaubensbekenntnis siehe die Einführung zu Seite 80.
Die hebräischen Schriftzeichen auf dem Teller im Schülerbuch (Seite 33) bedeuten von rechts oben nach links unten gelesen: Pessach.

Material:
- Passahteller mit allen Zutaten (oder Bildkarten der Passahspeisen, **KV 2.6**)
- Textkarten: Bedeutung der Passahspeisen **(KV 2.7)**
- Geschichte „Das Passahfest" **(KV 2.8)**
- Mazzen (aus dem Supermarkt)
- Evtl. Charoset (Mus aus geraspelten Äpfeln, Mandeln und etwas Traubensaft, Zimt, Rosinen)
- Lückentext: Das Passahfest **(KV 2.9)**

Eingangssituation

Die L bringt auf einem Teller die verschiedenen Speisen für das Passahfest mit. Notfalls können auch Bildkärtchen **(KV 2.6)** auf dem Teller liegen. Die L lässt die Speisen von den S benennen. Wurde das Mose-Kapitel bereits behandelt, so kann auf das Wissen der S zurückgegriffen werden und die S können den Speisen die Bedeutungen zuordnen **(KV 2.7)**.

Erschließung

Die L liest die Geschichte „Das Passahfest" **(KV 2.8)** vor. Während die L vorliest, verteilt sie Mazzen und Fruchtmus.
Die S vergegenwärtigen sich erzählend und wiederholend den Ablauf des Sedermahls beim Passahfest und korrigieren gegebenenfalls ihre Zuordnung der Bedeutungskärtchen zu den Speisen.
Der Ablauf:
1. Segensspruch (Kiddusch)
2. Waschen der Hände
3. Vorspeise: rohes Gemüse (Petersilie, Radieschen oder Sellerie) in Salzwasser (zermürbende Arbeit und Tränen)
4. Brechen der Mazzen (ungesäuertes Brot, erinnert an den eiligen Aufbruch), eine Hälfte wird in eine Serviette gewickelt und am Ende als Nachspeise verzehrt
5. Nacherzählung der Auszugsgeschichte mit Fragen der Kinder
6. Nochmaliges Waschen der Hände

7. Verzehr der Mazzen (Brot des Elends)
8. Bittere Kräuter (z.B Petersilie, Meerrettich, Lauch – erinnern an die Bitterkeit in Ägypten) werden in Salzwasser getaucht und gegessen
9. Mazzen werden mit Meerrettich bestrichen und verzehrt
10. Festliches Mahl, es beginnt mit dem Eintauchen eines hart gekochten Eis in Salzwasser, um die andauernde Trauer über die Zerstörung des Tempels zu zeigen
11. Essen der (unter 4.) beiseitegelegten Mazzen, um den Geschmack an Passah noch lange zu behalten
12. Dank nach dem Mahl
13. Preisung

Hinweis: Der Ablauf sollte auf keinen Fall nachgeahmt werden, indem mit den Kindern etwa ein Passahfest gefeiert wird. Dies wäre eine Missachtung des jüdischen Glaubens, da es von Christen niemals ebenbürtig gefeiert werden könnte.

Ergebnissicherung

Die L hat Arbeitsblätter im Raum versteckt, in Anlehnung an die jüdische Tradition der versteckten dritten Mazzenscheibe zum Passahfest. Die S machen sich auf die Suche und bearbeiten im Anschluss daran das Arbeitsblatt, indem sie den Lückentext ausfüllen **(KV 2.9)**. Die Selbstkorrektur erfolgt durch den Vergleich mit Seite 33 des Buches. Zum Abschluss liest ein Kind den ausgefüllten Lückentext vor.
Die L hat einen Kalender mitgebracht, auf dem das Datum des jüdischen Passahfests eingezeichnet ist. Die S berechnen, wie lange es bis zum nächsten Passahfest dauert bzw. wann das letzte Passahfest stattfand. Das Datum kann auch von den S selbst bis zur nächsten Religionsstunde im Internet herausgefunden werden.

Hinweis:
Weitere Hinweise zum Sedermahl am Vorabend des Passahfestes findet man über das Internet.

Seite 34

Vorbereitung

Material:
- Evtl. Karten mit Berufen

Eingangssituation

Wurde über das Feiertagsgebot bereits gesprochen, kann mit den S über mögliche Veränderungen in der Sonntagsgestaltung diskutiert werden. Die Bilder auf Seite 34 werden betrachtet. Sie zeigen zwei Situationen, die unterschiedlich gewertet werden können: Wohnungsrenovierung und die Arbeit einer Krankenschwester am Apothekerschrank im Krankenhaus.

Erschließung

1. Unterrichtsschritt
Die L gibt den Satz vor: „Am Sonntag darf man nicht arbeiten." Zunächst wird die Klasse in zwei Gruppen aufgeteilt, die Argumente pro (Gruppe 1) und contra (Gruppe 2) zusammenstellen. Dann beginnen zwei S mit der Diskussion. Die S der jeweiligen Gruppe unterstützen sie, indem sie sich zu dem betreffenden S stellen und ihr Argument nennen.

2. Unterrichtsschritt
Die L erzählt die Geschichte von der Heilung des Mannes mit der verkrümmten Hand. Die Erzählung endet und die L sagt: „Viele Menschen regen sich über Jesus und sein Handeln am Sabbat auf. (Was meint ihr?)" Die S äußern sich dazu und nehmen eventuell noch einmal ihre Argumente der vorherigen Diskussion auf.

3. Unterrichtsschritt
Die S stellen zusammen, was für Arbeiten ihrer Meinung nach so wichtig und vor allem unaufschiebbar sind, dass sie am Sonntag getan werden müssen (was Jesus meint, wenn er von „Gutes tun" spricht). Welche Arbeiten brauchen *nicht notwendigerweise* am Sonntag stattzufinden?
Beim Gespräch ist es wichtig, den Schülern Maßstäbe für die Bewertung an die Hand zu geben (unaufschiebbar, lebensrettend ...).

Ergebnissicherung

Die S überlegen sich Berufe, die am Sonntag ausgeübt werden müssen und solche, die am Sonntag ruhen. Sie spielen sie ihren Mitschülern pantomimisch vor. Diese erraten die Berufe und begründen, weshalb sie die Ausübung derselben am Sonntag für notwendig erachten oder nicht. Anstatt Berufe können andere Tätigkeiten pantomisch gespielt und erraten werden.
Die L kann die Tätigkeiten oder Berufe auch auf Karten notiert vorgeben.

Heftgestaltung

Die S erhalten ein DIN-A5-Blatt. Dieses falten sie in der Mitte und kleben die eine Hälfte ins Heft. Auf die Außenseite malen sie eine Tür. Hinter diese Tür malen sie Jesus und den Geheilten. Unter die Tür kann auch geschrieben werden, was die S als „Gutes tun“ im Sinne Jesu herausgefunden haben.

Seite 35

Vorbereitung

Material:
- Bildkarten: Notsituationen und Hilfen **(KV 2.10a, 2.10b)**
- Flache Steine, die mit Filzstift beschrieben werden können
- Figur: Die gekrümmte Frau **(KV 2.11)**

Eingangssituation

1. Unterrichtsschritt
Die L verteilt Bildkärtchen **(KV 2.10a)**. Darauf sind Menschen in Notsituationen abgebildet – Menschen, die „schwer zu tragen“ haben. Danach verteilt die L Kärtchen, auf denen mögliche Hilfen für diese Menschen dargestellt sind **(KV 2.10b)**.
Ein Kind spielt eine abgebildete Notsituation pantomimisch nach und legt das Kärtchen in die Mitte des Stuhlkreises. Das Kind, auf dessen Kärtchen eine passende Hilfesituation dargestellt ist, legt dieses daneben. Beide spielen gemeinsam „Notfall“ und „Lösung“ pantomimisch vor. Da manchmal mehrere Kärtchen passen, kann sich ein Unterrichtsgespräch daraus entwickeln.

2. Unterrichtsschritt
Jedes Kind erhält einen Stein, auf den es schreiben kann, was es selbst als Last empfindet. Wenn es möchte, kann es sein Wort oder seinen Satz vorlesen und die Kinder überlegen gemeinsam eine Lösung. Eventuell bieten auch einzelne Kärtchen eine Lösung an. Am Ende bilden die S aus den Kärtchen und Steinen die Form eines Kreuzes. Das Kreuz steht symbolisch für Jesus.

Erschließung

Die L zeigt eine Figur **(KV 2.11)**, die aus zwei Teilen besteht. An der Taille ist sie durch eine Musterklammer verbunden und daher beweglich. Anhand der Figur erzählt die L die Geschichte von der Heilung der gekrümmten Frau (nach Lukas 13,10-17). Dabei verändert sie die Haltung dieser Frau, bis sie aufrecht steht. Möglich ist auch, eine Egliﬁgur zu nutzen, die in die Mitte des Stuhlkreises gestellt wird.
Am Ende der Erzählung legt die L eine Sprechblase aus Papier neben die Figur. Die S vermuten, was die Frau nach der Heilung durch Jesus sagt.

Heftgestaltung (Ergebnissicherung)

Die S malen die beiden Haltungen (gekrümmt und aufrecht) ins Heft und zeichnen dazu jeweils eine Sprechblase. Sie schreiben je ein Gebet, das die Frau vor und dann nach ihrer Heilung hätte beten können.
Die S kommen anschließend im Stuhlkreis zusammen, lesen die notierten Gebete vor und erzählen von eigenen Erfahrungen mit einem Gebet. Sie können ein eigenes Dankgebet für Hilfe, die sie selbst erfahren haben, formulieren. Bezieht es sich auf die Situation, die sie zuvor auf den Stein geschrieben haben, kann dieser dann entfernt werden.

Seite 36/37

Vorbereitung

Material:
- Rote Kärtchen
- Zachäus-Figur **(KV 2.12)**
- Ggf. Geldbeutel/Plastik- oder Papierbaum
- DIN-A3-Plakat beschriftet mit Lk 19,10 und als Puzzle auseinandergeschnitten

Eingangssituation

Die S betrachten die Bilder auf Seite 36. Das oberste stellt einen Jungen dar, der abseits steht und von den anderen feindselig behandelt, ja bedroht wird. Was könnte das Geld in der Mitte der Seite bedeuten? Was die Mauer?
Aus dem Gespräch sollte sich ergeben, dass manche Menschen von anderen abgelehnt werden. Das kann viele Gründe haben. Nicht immer sind diese Gründe erkennbar. Manchmal reicht es auch, dass andere anders sind oder kleiner oder schwächer oder ängstlicher. Zwischen ihnen und anderen ist dann eine „Mauer“. Sie stehen an der „äußeren Seite“ der Mauer; vielleicht kommen die S selbst auf den Begriff „Außenseiter“. Dies wird in manchen Fällen dadurch verstärkt, dass Schwächere nicht nur abgelehnt, sondern manchmal auch bedroht und erpresst werden. Es kommt heute nicht selten vor, dass Grundschulkinder von

Älteren erpresst werden und ihr Taschengeld abgeben müssen. Das Bild mit dem Geld bildet daneben auch die Brücke zu Zachäus; auch dort spielt Geld eine wichtige Rolle.
Die L schreibt das Wort „Außenseiter" an die Tafel. Die S äußern sich über eigene Erfahrungen mit Außenseitern. Auf rote Kärtchen schreiben sie, warum ihrer Meinung nach manche Menschen Außenseiter sind, weshalb man sie nicht leiden kann. Diese Kärtchen werden in Form einer Mauer gelegt. In der differenzierten Aussprache sollte auch erarbeitet werden, dass die Gründe für ein „Außenseiterdasein" in der Regel nicht nur auf *einer* Seite liegen, manchmal ist es ein regelrechter „Teufelskreis", der dazu führt.

Erschließung

1. Unterrichtsschritt
In der Einleitung zur Zachäus-Geschichte greift die L zurück auf die Seiten 24/25, auf denen der Handel im damaligen Israel beschrieben wird. Welche Funktion hatte ein Zöllner (s. Seite 29 unten)?

2. Unterrichtsschritt
Die L erzählt die Geschichte von Zachäus anhand einer Pappfigur **(KV 2.12)**, die neben die Mauer gelegt wird. An der Stelle, an der Jesus bei Zachäus einkehrt und die anderen sich darüber ärgern, unterbricht die L ihre Erzählung.
Auf ein weiteres rotes Kärtchen schreiben die S, weshalb Zachäus zum Außenseiter wurde. Dieses Kärtchen wird zur Mauer gelegt.
Während der Erzählung hat die L die Zachäus-Figur von der einen Seite der Mauer auf die Mauer selbst gelegt. Es soll damit zum Ausdruck kommen, dass sich Zachäus zuerst auf der einen Seite der Mauer befand, als Außenseiter, dann aber durch seinen Veränderungswillen den Sprung auf die Mauer schaffte. Zur Veranschaulichung kann auf die eine Seite der Mauer ein Geldbeutel gelegt werden, auf die andere Seite ein Baum aus Pappe.

3. Unterrichtsschritt
Nach der Erzählung spielen die Kinder die Geschichte nach. Dabei ist der offene Ausgang der Geschichte wichtig!

4. Unterrichtsschritt
Die S betrachten anschließend das Bild auf Seite 37 unten und bringen es in Bezug zur Geschichte:
Jesus steht in der Mitte, wie eingerahmt. Hinter ihm Zachäus. (Versteckt er sich vor der Menge? Begrüßt er Jesus nur herzlich?)
Die beiden Zweige von zwei kräftigen Bäumen auf dem Bild, links und rechts, sind wie ein Dach. Ob Zachäus auf einem von diesen Bäumen saß?
Im Vordergrund Menschen, links zwei, die ihre Arme drohend und schimpfend erheben; in der Mitte zwei, die miteinander tuscheln (Über wen wohl?); rechts drei, von denen zwei im nachdenklichen Gespräch zu sein scheinen, der dritte hält sich (staunend?) den Mund zu. Man beachte die Entwicklung der Menschen von links nach rechts.
Andererseits ist auch der Schatten der Faust, die Jesus bedroht, interessant. Sie könnte auf den späteren Kreuzestod Jesu hinweisen.
Jesus steht schützend vor Zachäus, den Blick in die Richtung gewandt, in der einer steht, der sich wundert, so als ob er sagen wollte: So geht es zu, wenn Gottes Reich aufgerichtet ist! (Freie Übersetzung der Einleitung der Reich-Gottes-Gleichnisse: „Das Reich Gottes gleicht ...")

Ergebnissicherung

Die L hat Kärtchen als Puzzleteile eines größeren Plakates erstellt, die zusammengepuzzelt einen Vers aus der Bibel ergeben: „Jesus Christus ist gekommen, zu suchen und selig zu machen, was verloren ist" (nach Lukas 19,10). Die S erhalten die Kärtchen unsortiert und legen sie zum Vers zusammen.
Anschließend wird dieser Vers besprochen und nochmals in Beziehung zum Erleben des Zachäus gesetzt.
Der Vers wird dann gemeinsam gesprochen und durch Umdrehen einzelner Kärtchen immer wieder wiederholt, bis ihn die S auswendig können.

Heftgestaltung

Die S kleben ihren roten Mauerstein (s. Eingangssituation) ins Heft. Darüber schreiben sie den Vers aus Lukas 19,10. Neben den Mauerstein malen sie einen Baum, in dem Zachäus sitzt.
Alternativ können sie sich auch selbst in den Baum malen und über die Mauer schauen. Damit soll deutlich werden, dass man Positionen und Sichtweisen – und damit sein Leben – verändern kann.

Seite 38/39

Vorbereitung

Material:
- Herzen aus rotem Tonpapier (etwa 5 cm x 5 cm)

- Lukas 10,27 auf einem Plakat (DIN A4) notiert
- Bilder von Seite 38/39 auf Folie kopiert und ggf. auf DIN-A5-Pappen geklebt

Eingangssituation

Alle S erhalten ein rotes Tonpapierherz. Sie schreiben ihren Namen auf die Vorderseite. Auf die Rückseite schreiben sie den Namen einer Person, die sie besonders gern haben. Die Herzen werden so in die Mitte gelegt, dass der eigene Name der Kinder sichtbar ist. Die S legen ihr Tonpapierherz einzeln ab. Bei der Betrachtung werden sie feststellen, dass einzelne Herzen weiter außen, andere näher beieinander liegen. Dies wird festgestellt, aber nicht gedeutet!

Erschließung

1. Unterrichtsschritt
Die L erzählt die Rahmengeschichte des Gleichnisses vom Barmherzigen Samariter oder liest sie mit den S im Schülerbuch auf Seite 38.
Sachinformationen erhalten die S auf Seite 25 (Esel als Lasttier).

2. Unterrichtsschritt
Damit deutlich wird, dass nun ein Gleichnis folgt, das sich von der Rahmengeschichte abhebt, folgt ein Medienwechsel: Die L erzählt die Geschichte Schritt für Schritt am Tageslichtprojektor anhand von *Folienbildern* (Bilder aus dem Schülerbuch, Seite 38 f.). Letztere können auch auf DIN-A5-Größe auf Karton kopiert und ausgeschnitten werden. Eine Holzleiste mit Schlitz dient als Standfuß, in den die Figuren gesteckt werden. So kann eine Folge von Szenen auf dem Boden gestaltet werden. Ein paar braune Tücher und Steine dienen als Unterlage und Darstellung der Wüste.

3. Unterrichtsschritt
Anschließend werden die Personen der Geschichte von einzelnen Kindern pantomimisch gespielt, während die anderen Kinder dazu das Lied singen. Dies kann später durch Orff-Instrumente begleitet werden.

Ergebnissicherung

Die Herzen vom Beginn der Unterrichtssequenz werden von den S noch einmal neu gelegt, in Kreis- oder Herzform: Alle nehmen einander an, keiner bleibt allein – so wie es der Aussage der Geschichte entsprechen würde.
In die Mitte legt die L eine Wortkarte mit dem Vers aus Lukas 10,27: „Du sollst den Herrn, deinen Gott, lieben von ganzem Herzen, von ganzer Seele und von ganzem Gemüt, und deinen Nächsten wie dich selbst."

Heftgestaltung

Das Herz wird ins Heft geklebt und zwar mit der Seite nach oben, auf der die S den Namen des Menschen geschrieben haben, den sie gern haben. Dazu erhalten die S noch zwei weitere Herzen aus rotem Papier (Tipp für große Klassen: Mehrere Blätter aufeinanderlegen, dann geht das Ausschneiden schneller), auf die sie ihren Namen und den Namen „Gott" schreiben.
Die Herzen werden im Dreieck angeordnet und durch gerade Linien miteinander verbunden. In dieses „Dreieck" schreiben die Kinder den Vers nach Lukas 10,27 und lernen ihn auswendig.

Seite 40/41

Vorbereitung

Material:
- Wortkarte mit Aufschrift: „Gott ist wie ..." oder „Gott handelt wie ..."
- Bilder von Seite 40/41 auf Folie kopiert
- Denkblase **(KV 2.13)**
- Kopiervorlage „Vater und Sohn" **(KV 2.14)**
- Saft und Kekse

Eingangssituation

Die L legt die Wortkarte in die Mitte des Stuhlkreises. Die S ergänzen den Satz und erzählen, wie sie sich Gott vorstellen.

Erschließung

1. Unterrichtsschritt
Die L gibt Hintergrundinformationen zu der Geschichte, ohne die Geschichte selbst zu erzählen: „Eine Bauersfamilie hatte einen großen Hof, Felder und Tiere ... Zwei Söhne waren da. Von dieser Familie handelt eine Geschichte, die Jesus erzählt."
Die Einzelheiten der Beschreibung (häusliches Leben, Feldarbeit ...) können den Seiten 20–23 entnommen werden.

2. Unterrichtsschritt
Die L erzählt das Gleichnis nach Lk 15,11-32 bis zu der Stelle, als der jüngere Sohn bei den Schweinen

sitzt und überlegt, was er nun tun soll. Dazu verwendet sie die Bilder aus dem Buch, die sie auf Folie kopiert hat.
Die Erzählung wird unterbrochen und die L teilt an die S Denkblasen **(KV 2.13)** aus. In Gruppen notieren die S, welche Gedanken den jüngeren Sohn bewegen könnten. Diese werden zusammengetragen.

3. Unterrichtsschritt
Die S erzählen zum Bild der Heimkehr des Sohnes und lesen den Text im Schülerbuch (Seite 41).

Alternative: Wenn die Geschichte den meisten S bekannt ist, lesen sie zunächst das Ende und formulieren dann in Partnerarbeit zu den Bildern Sätze, die die Geschichte erzählen. Die Ergebnisse der S werden vorgestellt.

4. Unterrichtsschritt
Die S unterhalten sich im Partnergespräch über das Verhalten des älteren Bruders und vermuten, wie der Vater darauf reagiert. Anschließend schlagen sie die Geschichte in der Bibel nach und lesen.

5. Unterrichtsschritt
Die L verweist auf die Wortkarte vom Anfang. Die S tragen väterliche Eigenschaften Gottes aus der Geschichte zusammen.

Anmerkung: Immer wieder werden bei den Gesprächen eigene Geschwistererfahrungen mancher Kinder hochkommen. Diese sind behutsam aufzunehmen und die Einwände des älteren Sohnes nicht so schnell vom Tisch zu wischen.

Ergebnissicherung

Die S spielen die Geschichte mit verteilten Rollen. Auch eine Pantomime wäre möglich. Dazu wird die Geschichte aus einer Kinderbibel vorgelesen.

Heftgestaltung

Die S zeichnen einen Weg diagonal in ihr Heft (quer), an dessen Ende das Haus des Vaters steht. Auf die obere Hälfte schreiben die S ihre Vorstellungen davon auf, wie Gott mit uns Menschen umgeht:
Gott liebt uns wie ein Vater, Gott ist gütig, Gott verzeiht usw. (vorwiegend Verben aus biblischen Erzählungen verwenden).
Auf die untere Hälfte kleben sie eine Figur mit offenen Armen (Vater) und eine etwas kleinere (Sohn), die von der anderen Figur umarmt wird **(KV 2.14)**. Daher werden die Arme der Vaterfigur nicht festgeklebt (s. unten). Der Weg wird in passenden Farben angemalt.

Den Schluss der Sequenz bildet ein fröhliches Fest mit Saft und Keksen, das in der Klasse gefeiert wird.

Seite 42/43

Vorbereitung

Material:
- Für jeden S ein Papierohr **(KV 2.15)**
- Kassettenrekorder oder CD-Player mit ruhiger Musik
- Falls ein Unterrichtsgang in eine Kirche geplant ist: Die dazu nötigen Maßnahmen treffen (Zeit mit Pfarrer/Kirchendiener vereinbaren, Schlüssel abholen usw.)

Eingangssituation

Die Geschichte von der Tempelreinigung kann in einer Kirche erzählt werden. Falls die Schule einen Raum der Stille eingerichtet hat, wäre es auch möglich, diesen Raum aufzusuchen.
Zunächst erfahren die S eine Stilleübung. Sie hören stehend eine Minute lang auf die Geräusche der Umgebung. Wenn sie meinen, die Minute sei um, setzen sie sich. Diese Übung hilft auch zu lernen, Zeit richtig einzuschätzen.
Die S erhalten ein Papierohr **(KV 2.15)**. Darauf notieren sie, was ihren Ohren schadet und welche Art von Lärm sie stört.

Erschließung

1. Unterrichtsschritt
Die S betrachten die Bilder im Schülerbuch auf Seite 42 oben. Dabei können sie entdecken, dass den Bildern Getümmel, Lautstärke, Betriebsamkeit etc. gemeinsam sind. Das Kind, das sich die Ohren zuhält, wehrt sich dagegen.

Falls die Sequenz außerhalb des Klassenzimmers stattfindet, folgt die Bildbetrachtung zu einem späteren Zeitpunkt.

2. Unterrichtsschritt

Die L erzählt die Geschichte von der Tempelreinigung (Seite 42; Mk 11,15-18).
Die S tragen in ihr Papierohr ein, an welchen Stellen es in der Geschichte „laut" ist. Sachinformationen zu Hohepriestern und Schriftgelehrten finden sich auf Seite 29.

3. Unterrichtsschritt

Das Bild auf Seite 43 (Kind im Baumhaus) wird betrachtet und mit den Bildern auf Seite 42 in Beziehung gesetzt. Die L spielt dazu ruhige Musik ein.
Anschließend nennen die S Orte der Stille, die ihnen wichtig sind bzw. die sie kennen. Dazu gehört vielleicht auch die Kirche.

Findet die Sequenz in einer Kirche statt, suchen sich die S dort einen Platz, den sie als besonders ruhig empfinden. Dort verweilen sie eine gewisse Zeit. Mit einem leisen akustischen Signal (z.B. Triangel) beendet die L die Stillephase und lässt die S sich im Stehkreis sammeln. Die Kinder tauschen ihre Stille-Erfahrungen aus.

Ergebnissicherung

Die S versammeln sich um den Altar. Gemeinsam wird ein ruhiges Lied angestimmt, etwa ein Lied aus Taizé. Mit dieser Erfahrung der Stille verlassen die S den Kirchenraum.
Kann diese Sequenz nicht in einer Kirche gestaltet werden, stimmt die L mit den S im Klassenzimmer ein ruhiges Lied an. Lieder aus Taizé finden sich im Evangelischen Gesangbuch unter Nr. 789.

Heftgestaltung

Das Papierohr wird ins Heft geklebt. Drum herum schreiben die S Orte der Stille.
Überschrift: In Gottes Haus wohnt die Stille.

Seite 44/45

Vorbereitung

Material:
- Sederteller (siehe auch zu Seite 33 im Lehrerhandbuch)
- Klappbild „Das letzte Abendmahl" **(KV 2.16)**

Informationen zum Bild (Seite 45 unten):
Leonardo da Vinci wurde am 15. April 1452 in Anchiano bei Vinci geboren und starb am 2. Mai 1519 auf Schloss Clos Lucé, Amboise. Er war Maler, Bildhauer, Architekt, Musiker, Anatom, Mechaniker, Ingenieur, Naturphilosoph und Erfinder der Renaissance. Er wird auch als das italienische Universalgenie bezeichnet.
Leonardo arbeitete 4 Jahre an dem Gemälde, das an der Nordwand des Refektoriums der Kirche Santa Maria delle Grazie in Mailand zu finden ist. Das Bild zeigt den Moment des Abendmahls, in dem Jesus seinen Jüngern verkündet, dass einer unter ihnen ihn noch am selben Abend verraten wird.
Leonardo brauchte Zeit, um sich über die Gestaltung des Themas klar zu werden. Manchmal stand er stundenlang in Gedanken versunken auf dem Gerüst, ohne einen Pinselstrich auszuführen.
Leonardo studierte auch auf den Straßen Mailands die Gesichter der Menschen, er suchte nach dem passenden Gesichtsausdruck für die Jünger und Jesus. Vor allem die Darstellung des Judas bereitete ihm Probleme.
Berühmt wurde das Gemälde hauptsächlich durch die Anordnung der Personen in Dreiergruppen an der Tafel sowie durch die ausdrucksstarke Darstellung der Mimik und Gestik der Jünger. Die zweite Dreiergruppe von links zeigt Petrus, Johannes und Judas. Petrus neigt sich zu Johannes und legt die Hand auf seine Schulter. Judas (4. von links) ist dadurch etwas nach vorne gestoßen. Dadurch rückt sein Gesicht in den Schatten. Erstmals ist die Figur des Judas in die Gruppe der Jünger einbezogen.
Im Zentrum des Bildes steht Jesus mit ausgebreiteten Armen. Er deutet auf Brot und Wein. Thema des Bildes ist auch die Einsetzung des Abendmahls. Jesus ist Mittelpunkt und Ruhepol des Bildes. Seine Jünger sind durch die Ankündigung in Unruhe und Aufregung geraten. Mit Gestik und Mimik halten die dargestellten Personen untereinander Kontakt, einzig Judas wirkt ausgeschlossen und in sich gekehrt.
Dadurch, dass das Bild erst in den letzten Jahrzehnten authentisch restauriert wurde und wegen seines Untergrundes (Gips) stark gefährdet ist, gibt es farblich sehr verschiedene Reproduktionen.

Eingangssituation

Die S sitzen im Stuhlkreis. Die L stellt einen Teller mit den Speisen des Sederabends in die Mitte (siehe auch Seite 32/33 und S. 22 des Lehrerheftes). Da vermutlich die Mose-Geschichte bereits erzählt wurde, dient diese Phase der Erinnerung an die Bedeutung des Passahfestes. Die S tragen ihre Kenntnisse zusammen.

Erschließung

1. Unterrichtsschritt
Die L erzählt von Jesus, der mit seinen Jüngern das Passahmahl feiert. Wenn ein Unterrichtsgang zur Kirche keinen großen Aufwand bedeutet, könnte die Geschichte am Altar oder auf den Altarstufen erzählt werden.

Hinweis: Wir halten es für unangemessen, wenn bei dieser Unterrichtssequenz Brot und Saft verteilt würden. Das Abendmahl lässt sich nicht spielen und sollte dem Gottesdienst vorbehalten bleiben. Dennoch kann ein Bezug zum Abendmahl geschaffen werden, was über die Betrachtung der Schülerbuchseiten erfolgen kann.

Die S berichten von eigenen Teilnahmen am Abendmahl. Das Foto auf Seite 45 kann als Gesprächsanlass dienen. Über die Verwendung von Brot bzw. Hostie kann gesprochen werden.

2. Unterrichtsschritt
Die S betrachten das Abendmahlsbild von Leonardo da Vinci auf Seite 45.
Für die Betrachtung könnte ein Hinweis auf die Hände der Jünger interessant sein, ebenso auf die Körperhaltung.

3. Unterrichtsschritt
An die Bildbetrachtung kann sich eine Andacht anschließen.

Aufgabe für die S:
Die S erkundigen sich nach dem nächsten Abendmahlsgottesdienst in der Gemeinde und nehmen eventuell daran teil. In vielen Landeskirchen ist das Abendmahl mit Kindern offiziell eingeführt, konkret ist der Kontakt zum/zur Ortspfarrer/in sinnvoll.

Ergebnissicherung

Die S bringen Bilderbücher oder Kinderbibeln mit Abendmahlsbildern mit. Diese werden in kleinen Gruppen betrachtet und beschrieben. Dabei werden Unterschiede und Gemeinsamkeiten festgestellt und gegenseitig berichtet.

Heftgestaltung

Die S erhalten ein Klappbild „Das letzte Abendmahl" **(KV 2.16)** für ihr Heft. Dieses kann ergänzt werden durch Einzeichnen der eigenen Person.
Der Jünger Judas kann von den S ausgewählt werden. Sie zeichnen zu seiner Figur einen Geldbeutel.

Seite 46

Vorbereitung

Material:
- Kärtchen in der Anzahl der S; auf jedem steht der Name eines Jüngers (Mehrfachnennung der Namen)
- Vorlage „Jesus – verraten und verlassen" **(KV 2. 17)**

Eingangssituation

Die L lenkt die Aufmerksamkeit der S darauf, dass die Körperhaltung eines Menschen etwas über seine seelische Verfassung verrät. Verschiedene Beispiele werden ausprobiert. Die S äußern sich und formulieren ihre Erfahrungen zu ihrer eigenen Haltung.
L: „Petrus ist traurig." Die L regt an, sich in die Haltung des Petrus zu begeben (gebeugt, Hände vor dem Gesicht usw.).

Erschließung

1. Unterrichtsschritt
Die Geschichte auf Seite 46 wird mit verteilten Rollen gelesen. Die S überlegen, was Jesus wohl gebetet hat.
Anschließend wird herausgearbeitet, warum Petrus traurig ist, auch was Jesus bewegt. Dazu zeichnet die L die Umrisse zweier Figuren an die Tafel und schreibt die Namen „Jesus" und „Petrus" hinein. Über die beiden Figuren zeichnen die S Sprech- und Denkblasen und tragen ihre Vermutungen ein.

2. Unterrichtsschritt
Die S sitzen im Stuhlkreis. In der Mitte hat die L einen Kreis mit dem Namen „Jesus" gelegt, darum einen Ring aus Jüngern (**KV 2.17**, vergrößert).
Das Bodenbild zeigt zunächst die Geschlossenheit der Jünger um Jesus. Dann werden die Segmente an die S verteilt. Diese überlegen, wie die Jünger reagiert haben, als Jesus verhaftet wurde. Jeder S schlüpft dazu in die Rolle eines Jüngers, dessen Name er per Kärtchen erhält, und überlegt mindestens einen Satz in der Ich-Form. Beispiel: „Ich heiße Johannes und bin geflohen, weil ich Angst hatte."

Ergebnissicherung

Die S sagen ihren Satz vor und legen ihr Kärtchen anschließend wieder auf den Boden, diesmal aber nicht in Kreisform, sondern durcheinander. (Denn die Verhaftung Jesu hat Chaos unter den Jüngern gestiftet!)
Das entstandene Bild wird mit den S besprochen. Auch kann reflektiert werden, wie sich die S selbst in solch einer Situation verhalten hätten.

Heftgestaltung

Die L verteilt das Arbeitsblatt „Jesus – verraten und verlassen" **(KV 2.17)**, auf dem die Jünger in Kreissegmenten abgebildet sind. Die S schneiden die Segmente aus und gruppieren sie verstreut um den Innenkreis, in dem der Name „Jesus" steht. In das leere Segment schreiben sie ihren eigenen Namen oder malen sich hinein. Sie kleben sich an die Stelle, an der sie vermuten, damals gewesen zu sein: ganz nah bei Jesus oder weiter weg.

Seite 47

Vorbereitung

Material:
- Hahn-Puzzle **(KV 2.18, vergrößert)**
- Denkblase **(KV 2.13)**
- Folie des Bildes von Otto Dix (Seite 46)
- Petrus-Figur **(KV 2.19)**
- Arbeitsblatt „Hahn" **(KV 2.20)**

Eingangssituation

Die L zeichnet eine Sprechblase an die Tafel und schreibt hinein: „Das habe ich nicht gewollt!" Die S äußern sich dazu und schildern Situationen, in denen sie oder andere das gesagt haben.
In ein Puzzleteil, das mit anderen zusammen einen Hahn ergibt **(KV 2.18)**, schreiben die Kinder in Partner- oder Gruppenarbeit einige Stichworte über eine solche Situation.

Erschließung

1. Unterrichtsschritt
Die L hat am Tageslichtprojektor die Folie mit dem Bild von Otto Dix (Seite 46) so abgedeckt, dass nur der weinende Petrus in der unteren linken Bildhälfte zu erkennen ist. Sie erzählt die Geschichte von der Verleugnung und erwähnt, dass Petrus wohl auch die Worte äußerte: „Das habe ich nicht gewollt." Nun wird das Bild aufgedeckt: Der Hahn und die Sonne werden sichtbar. Die S betrachten das ganze Bild und setzen die Motive Hahn, Petrus und Sonne in Beziehung zu der Geschichte.

2. Unterrichtsschritt
Im Anschluss an die Erzählung verteilt die L Denkblasen **(KV 2.13)** an die Kinder und lässt die Gedanken, die Petrus wohl nach seiner Verleugnung bewegen, notieren.

3. Unterrichtsschritt
Die L legt die Petrus-Figur **(KV 2.19)** in den Stuhlkreis. Die S lesen ihre Gedanken vor und legen die Denkblasen um die Petrusfigur. Im Gespräch ziehen die S Parallelen zum eigenen Leben: Wo haben sie ein Versprechen nicht gehalten bzw. nicht halten können?

4. Unterrichtsschritt
Die Geschichte im Buch (Seite 47) wird zur Vertiefung gemeinsam gelesen.

5. Unterrichtsschritt
Die S sehen nochmals das komplette Bild an. Insbesondere die Farbgebung und das Verhältnis des Petrus und des Hahnes in Größe und Stellung zueinander werden beschrieben; der Hahn scheint übermächtig zu sein. Hilfreich ist auch der Hinweis auf den hellen Hintergrund (Sonne), obwohl es ja in Petrus und um ihn herum Nacht war. Mit den Symbolen Sonne und Hahn macht Dix deutlich: Petrus erfährt in dieser Geschichte die Wahrheit über sich; er ist nämlich keineswegs so mutig und stark, wie er glaubt. Das Moment der Selbstüberschätzung kennen die S auch bei sich selbst.

Ergebnissicherung

Die L gibt den Impuls: „Legt die Puzzleteile zusammen, die ich euch am Anfang der Stunde gegeben habe. Dann entsteht ein Bild, das uns an die Geschichte von Petrus erinnert."
Die S legen ihre Puzzleteile neben die Petrusfigur. Im Unterrichtsgespräch wird herausgearbeitet, was der Hahn Petrus wohl zurufen würde, wenn er sprechen könnte.

Falls es im Umfeld der Schule eine Kirche gibt, auf deren Turm sich ein Hahn befindet, kann man folgende Übung anschließen: Die S werden aufgefordert, in Gedanken einen Spaziergang durch ihren Wohnort zu machen. Dazu spielt die L ruhige Musik ein. Die S überlegen, wo ihnen die Figur eines Hahnes in irgendeiner Form begegnet.

Die Bedeutung des Hahns als Mahner, Jesus nicht zu verleugnen und sich zu ihm zu bekennen, wird besprochen.

Heftgestaltung

Die S bekommen das Arbeitsblatt „Hahn" **(KV 2.20)**, in dessen oberem Teil ein Hahn dargestellt ist. Sie zeichnen darunter einen Kirchturm, sodass der Hahn auf dessen Spitze steht.
Überschrift: Der Hahn ist ein Zeichen der Mahnung und Erinnerung

Seite 48/49

Vorbereitung

Material:

- Umrissfiguren aus Tonpapier **(KV 2.21)**
- Lied „Korn, das in die Erde, in den Tod versinkt ..." (EG 98)
- Denkblase **(KV 2.13, verkleinert)**

Eingangssituation

Das Lied „Korn, das in die Erde, in den Tod versinkt" (EG 98) wird zu Beginn jeder Stunde gesungen und begleitet die Unterrichtssequenz bis zur Auferstehungserzählung.

Da die Geschichte vom Sterben Jesu sehr viel mit Licht und Dunkelheit zu tun hat, bietet es sich an, sie mithilfe von Umrissfiguren aus Tonpapier **(KV 2.21)** auf dem Tageslichtprojektor zu erzählen. Dieser kann für „dunkle" Situationen ausgeschaltet werden.
Eine andere Möglichkeit wäre, einen Kreuzweg (in einer katholischen Kirche) zu betrachten und dabei zu erzählen.

Erschließung

Die Geschichte sollte ohne großen Aufwand erzählt werden. Nutzt die L den Tageslichtprojektor, so kann sie aus Tonpapier kleine Figuren, Kreuze usw. ausschneiden, die während der Erzählung aufgelegt werden.
Die Grausamkeit der Geschichte lässt keinen Übertrag auf die Situation der Kinder zu. Um den Kindern die Möglichkeit anzubieten, ihren Ort in der Geschichte zu finden, kann ihnen beim Erzählen als Identifikationsfigur ein Jünger oder die Mutter Jesu angeboten werden.
Hilfreich ist, nicht nur theologische, sondern auch äußere Gründe herauszuarbeiten, die darauf hinweisen, weshalb Jesus sterben musste.
Äußere Gründe waren: Die Oberen im jüdischen Volk hatten Angst, dass es durch Jesus einen Aufruhr geben könnte, und haben ihn „geopfert", um die Römer nicht zu provozieren. (Es ist besser, dass ein Mensch stirbt, als ein ganzes Volk.)
Jesu Anspruch der Gottessohnschaft und seine Vollmacht galten vielen als Gotteslästerung.
Nach Tod und Auferstehung haben viele in Jesus den leidenden Gottesknecht gesehen, der das Böse, die Schuld dieser Welt auf sich nimmt.
In ihm ist Gott uns nahegekommen, wir dürfen unbelastet zu ihm kommen, immer wieder neu.

Die S überlegen, was die Jünger, insbesondere Petrus, wohl dachten, als Jesus tot war. Sie schreiben ihre Gedanken in eine Denkblase **(KV 2.13)**, schneiden sie aus und legen sie auf Seite 49.

Heftgestaltung

Die S gestalten ähnlich der Seite 49 einen dunklen Hintergrund ins Heft, es reicht auch ein schwarzes Stück Tonpapier. Die Denkblasen werden daraufgeklebt.

Seite 50

Vorbereitung

Material:

- Lied „Korn, das in die Erde, in den Tod versinkt ..." (EG 98)
- Lied und Tanz „Christ ist entstanden" **(KV 2.22)**
- Vergrößerte Kopie oder Folie der drei Frauen von Seite 50 ohne Hintergrund

Informationen zum Bild (Seite 50):
Das Bild von Jindra Capek zeigt die drei Frauen vor dem Grab. Sie tragen Gefäße mit sich, in denen die Salben und Öle sind. Das Bild ist von der Wirkung her zweigeteilt. Rechts der dunklere Fels, links die Helle und in der Mitte gleichsam eine Sonne, die das Bild überstrahlt. Von der Helligkeit sind auch die drei Frauen berührt. Während die erste noch dem Grab zugewandt gebeugt und grau ist, werden die Kleider der beiden anderen heller. Man kann das als Stufung deuten, ebenso die Gesichter der Frauen. Ein besonderes Detail, das die Wirkung der Auferstehung ins Bild setzt, ist die einzelne Blume vor dem Grab, formähnlich dem hellen Baum auf der linken Seite.

Das Bild regt an, die Farben als Deutungen der Geschichte zu interpretieren, ebenso die Haltungen der Frauen und die Farben deren Kleider. Die Helle der Auferstehungssonne verändert die Frauen, ja selbst das dunkle Grab ist nicht mehr leblos, in ihm wächst eine Blume.

Eingangssituation

Als Anfangsritual kann das Lied „Korn, das in die Erde, in den Tod versinkt“ (EG 98) gesungen werden.
Die L verdunkelt anschließend den Raum und lässt die S eine Weile die Dunkelheit spüren. Dabei darf nicht gesprochen werden.

Erschließung

Die L zeigt die Kopie/Folie der drei Frauen und lässt die S deren Haltung beschreiben und in einem Standbild nachstellen. Die S äußern ihre Empfindungen und Gedanken dazu. Danach schildert die L noch einmal die Trauer der Jünger, die Kreuzabnahme und das Bestatten Jesu in der Grabhöhle. Dann erzählt sie von den drei Frauen, die am Morgen des dritten Tages beschließen, zum Grab zu gehen.
Während der Erzählung zündet die L an der Stelle, als die Frauen aufbrechen, eine Kerze an.
Die L gibt die brennende Kerze einem Kind, das in die Rolle einer der Frauen auf dem Weg schlüpft. Es sagt mindestens einen Satz, den die Frauen wohl gesprochen haben könnten. Anschließend gibt es die Kerze an das nächste Kind weiter usw. Die Szene vor dem Betreten der Grabhöhle stellen die S noch einmal nach, nun sprechen sie allerdings dazu.
Die L lässt die S vermuten, wie die Frauen wohl auf die Nachricht reagiert haben, dass Jesus von Gott auferweckt worden ist.
In Gruppen überlegen die Kinder, was die Frauen den Jüngern erzählt haben. Wie haben die Jünger reagiert? Dies spielen sie den anderen S in einem Rollenspiel vor.

Ergebnissicherung

1. Unterrichtsschritt
Die Seite 50 wird gelesen und das Bild dazu betrachtet.

2. Unterrichtsschritt
Als Gemeinschaftsarbeit wird ein Ostergarten in einer größeren Schachtel oder Kiste angelegt, die mit Folie ausgekleidet wird. Die S bringen Pflanzen wie Primeln oder kleine Narzissen mit. Möglich wäre auch, Gras einzusäen. Weizen wäre ebenfalls denkbar, zumal dieser sehr schnell wächst.
Zum Abschluss dieses Unterrichtsschrittes singen und Tanzen die S „Christ ist entstanden“ **(KV 2.22)**.

Heftgestaltung

Die S erhalten eine etwas vergrößerte Kopie der drei Frauen von Seite 50. Sie malen die Grabhöhle und eventuell auch einen Engel dazu.
Überschrift: Jesus ist auferstanden. Er ist wahrhaftig auferstanden.

Seite 51

Vorbereitung

Material:
- Lied „Korn, das in die Erde …“ (EG 98)
- Meditation **(KV 2.23)**
- Kerze und Wachsplatten zum Verzieren
- Schuhschachtel
- Erde
- Samen, Weizenkörner
- Blüten
- Geschichte „Das neue Leben“ **(KV 2.24)**

Informationen zu den Bildern (Seite 51):
Die Osterkerze enthält A und O, das sind erster und letzter Buchstabe des griechischen Alphabetes, der Sprache, in der das Neue Testament aufgeschrieben ist. Sie stehen für Anfang und Ende und bedeuten, Christus ist bei uns und der Welt von Anfang bis zum Ende der Zeit. Das Kreuz erinnert an Leiden und Auferstehen Jesu Christi. Die Jahreszahl zeigt, dass es sich um eine Osterkerze handelt, die jährlich zum Ostersonntag erneuert wird.
Das linke Bild zeigt ein Symbol für neues Leben. Auch dies ist ein Sinnbild für Ostern, übrigens eine von vielen Erklärungen für das Osterei.

Eingangssituation

Die S singen das Lied: „Korn, das in die Erde, in den Tod versinkt“ (EG 98). Die L stellt einen Schuhkarton, der mit Folie ausgekleidet ist, in die Mitte und legt im Gespräch über den Liedtext Weizenkörner in die Erde, die etwa 3 cm dick den Boden des Kartons bedeckt. Mit den S spricht die L über die Weizenkörner in der Erde, was aus ihnen wird, werden kann, werden soll.

Erschließung

Begleitet von Flötenspiel durch die L, empfinden die S in einer Körpermeditation den Weg des Weizenkorns nach. Um Anweisungen **(KV 2.23)** zur Meditation geben zu können, unterbricht die L ihr Flötenspiel.

Ergebnissicherung

Die S gestalten jeweils zu zweit eine Osterkerze. Zur Hinführung an diese Arbeit betrachten und deuten die Kinder die beiden Bilder (Seite 51).

Zum Bild auf der linken Seite kann die Geschichte „Das neue Leben“ **(KV 2.24)** erzählt werden.

Seite 52/53

Vorbereitung

Material:
- CD mit getragener und fröhlicher Musik
- Wachsmalstifte in verschiedenen Farben
- Schaschlikspieße

Informationen zum Bild von Sieger Köder (Seite 53):
Auf dem Tisch stehen drei Gläser, aber es sitzen nur zwei Menschen da. Am Gebetsschal erkennen die S, dass die beiden Männer Juden sind. Die dritte Person ist nur leicht angedeutet, als Lichtschein. Das Brot ist gebrochen, der Bezug zum Abendmahl ist deutlich erkennbar.
Am unteren Bildrand finden sich Schriften mit Buchstaben, die der hebräischen, lateinischen und gotischen Schrift nachempfunden sind. Sie enthalten Texte auf Deutsch.

Eingangssituation

Die L spielt getragene Musik ein, zu der sich die S bewegen. Impuls: „Geht wie traurige Jünger, die noch nichts von der Auferstehung Jesu gehört haben.“
Im Stuhlkreis wird diese Bewegungserfahrung besprochen.

Erschließung

Die S lesen die Geschichte auf Seite 52 mit verteilten Rollen. Anschließend folgt eine erneute Bewegungserfahrung: Die L spielt fröhliche Musik ein, eventuell eine Vertonung eines Osterlieds. Die Kinder bewegen sich zur Musik.
Im Stuhlkreis wird diese Bewegungserfahrung besprochen.

Ergebnissicherung

Vor Beginn dieser Gestaltung besprechen die L und die S, welche Szenen gestaltet werden, und verteilen sie auf die einzelnen S.
Auf ein Blatt malen die S mit Wachsmalstiften bunte Farbflecken. Danach überziehen sie das gesamte Bild mit schwarzer Wachsfarbe.
Hinweis: Unterlage nicht vergessen!
Nun wird mit einem Schaschlikspieß die vereinbarte Szene aus der Geschichte der Emmausjünger in das Bild „gekratzt“. Die Bilder werden im Anschluss daran in der richtigen Reihenfolge aneinandergelegt und die Geschichte noch einmal erzählt.
Eine Betrachtung des Bildes auf Seite 53 rundet die Geschichte ab.

Die S entziffern einzelne Worte aus den Texten und versuchen sie der Geschichte zuzuordnen.

Heftgestaltung

Ein Blatt wird nach der Faltanleitung (s.u.) gefaltet. Auf die äußeren beiden Seiten malen die S die beiden Emmausjünger. Nach dem Aufziehen der „Flügel“ wird Jesus sichtbar, den die S ebenfalls malen. (Kommentar: Von oben sieht die Faltung aus wie der griech. Buchstabe Omega, allerdings plattgedrückt.)

3 Mose – im Auftrag Gottes (Seite 54–83)

Theologische Vorüberlegungen

Mose – seine Stellung in der „Geschichte" und seine Begegnung mit Gott

Zum Urbekenntnis Israels gehört die Befreiung aus der ägyptischen Sklaverei! Gott ist der Befreier und steht im Mittelpunkt der Erzählungen.

Dieser Gott offenbart sich Mose und beruft ihn zum Propheten. Mose, der in Ägypten am Königshof in einem ganz anderen Glauben aufgewachsen ist, lernt, in seinem Leben auf diesen unsichtbaren und unvorstellbaren Gott zu vertrauen.

In Ägypten war der Pharao als Wiederverkörperung der höchsten Gottheit göttlicher Gesetzgeber. Die Priester in den großen Tempelanlagen bestimmten nicht nur den Kult, sondern auch das alltägliche Leben. Besonders die mythischen Vorstellungen von einem Leben nach dem Tod lassen den König und seine Oberen prächtige Grabanlagen erstellen.

„Für den Mythos ist ja gerade seine Geschichts- und Zeitlosigkeit bezeichnend. In ihm spiegelt sich das Naturgeschehen, das keinen Anfang und kein Ende kennt, der ewige Kreislauf der Dinge in seinem ständigen Sichwiederholen von Werden und Vergehen."[1]

Nun muss Mose erfahren, dass der Gott, der sich ihm offenbart hat, in der Geschichte erlebbar ist. Gottes Taten und Worte bestimmen die Geschichte der Menschheit und so auch das Handeln von Mose.

Gott steht im Mittelpunkt, nicht die Gestalt des Mose! Darum wird die Gestalt des Mose auch nicht idealisiert, vielmehr so nüchtern wie nur möglich dargestellt (so auch sein Jähzorn). Mose ist kein Heiliger. Gott allein ist der Heilige! Das kommt auch darin zum Ausdruck, dass niemand das Grab von Mose kennt. Nicht Mose soll verehrt werden im Gegensatz zu den Mächtigen Ägyptens, sondern allein der allgegenwärtige Gott.

Es gilt also, Mose als den Mann zu bezeugen, der sich wie Abraham von Gott ansprechen und berufen lässt (2. Mose 3,6), der in seinen Dienst tritt und die Sache Gottes vor den Menschen vertritt.

So beginnt ein neuer Abschnitt in der Heilsgeschichte. Sie nimmt ihren Anfang mit der Befreiung aus Ägypten. Die Befreiten müssen aber lernen, in der Freiheit als Volk miteinander zu leben. Dazu verkündigt Mose die Gebote Gottes. Ihre Einhaltung garantiert die Freiheit.

[1] Herbert Kosak: Wegweisung in das Alte Testament. Calwer Verlag 1968, S. 61.

Der Name Gottes und seine Gebote

Bei Abraham, Isaak, Jakob und Josef wandte sich Gott dem Einzelnen zu. Jetzt aber wendet sich Gott an das Volk. Sein Name bedeutet: Ich bin für euch da! Ich begleite euch (2. Mose 3,14).

Jahwe ist kein Name im Sinne der ägyptischen Götter. Diese können magisch gebraucht werden: Wenn die Priester und die Priesterinnen bestimmte Gottheiten bei ihrem Namen rufen, sind sie verfügbar. Jahwe aber bleibt unverfügbar! Mose kann zwar in Gottes Namen Wunder tun, kann in seinem Namen sprechen, kann mit seiner Hilfe das Volk befreien, aber er kann nicht über Gott verfügen.

So sind die Gebote, die Mose verkündigt, nicht seine. Es sind Gottes Gebote. Sie sind von ihm gegeben, um ein gutes Miteinander der Menschen mit Gott zu ermöglichen, wie auch ein friedliches, barmherziges und gerechtes Zusammenleben der Menschen untereinander.

Selbst die Sklaven werden vor Willkür geschützt (2. Mose 21,28) und kommen nach sechs Jahren frei (2. Mose 21,2). Die Person ist grundsätzlich mehr wert als die Sache! Das Land gehört Gott; die Menschen haben es zum Lehen. Sie sollen es bebauen und den Armen einen Teil abgeben.

So werden zum Wohl der Menschen Gottes Gabe und die Verpflichtung, mit der Gabe verantwortlich umzugehen, auf das engste miteinander verknüpft.

Leitgedanken und Kompetenzen

Die S ...

- erleben in altersgemäßer Weise die für Juden und Christen zentrale Theologie von der Befreiung.
- entdecken unterschiedliche Eigenschaften von Gott, der sich bekannt macht als der, der immer für uns Menschen da ist und uns begleitet.
- lernen, ganz elementar durch die narrative Theologie das eigene Leben zu verstehen und zu gestalten.
- verstehen, wie wichtig es ist, sich für die Freiheit besonders der Unterdrückten zu engagieren.
- erkennen, dass die Zehn Gebote Gottes wie Wegweiser ein gutes ethisches Handeln für das Leben mit Gott und den Mitmenschen aufzeigen.
- nehmen Stärken und Schwächen von unterschiedlichen Menschen wahr.

- erleben, dass Freude und Glück, Angst und Leid, Mut und Mutlosigkeit zum menschlichen Leben gehören.
- können nachempfinden, dass Menschen besonders stark sind, wenn sie gemeinsam im Sinne Gottes handeln.

Didaktisch-methodische Anregungen

Das Lied „Bewahre uns Gott" (EG 171) kann während aller Unterrichtssequenzen dieses Kapitels gesungen werden.

Seite 54/55

Vorbereitung

Material:
- Lied „Der Josef hat viel mitgemacht" **(KV 3.1)**
- Vergrößerte Kopien des Frieses (Seite 55)
- Fries als Puzzle zerschnitten
- Kopien der Abbildung des Pharaos (Seite 63)
- Mose-Buch **(KV 3.2a, b)**

Eingangssituation

Die S sitzen im Stuhlkreis und betrachten das Bild auf Seite 55, der Text soll noch nicht gelesen werden. Im Klassenverband tauschen sie ihre Kenntnisse über Ägypten aus. Anschließend wird der Text gemeinsam gelesen und die S tragen ihr Wissen über die Josefsgeschichte zusammen. In einer fortlaufenden Erzählung, mit der ein S beginnt, wird die Josefsgeschichte wiederholt. Dies kann reihum im Kreis geschehen.
Als weitere Wiederholung eignet sich das Lied: „Der Josef hat viel mitgemacht" **(KV 3.1)**, das mit seinem Text die ganze Geschichte zusammenfasst.

Erschließung

Das Leben in Ägypten zur Zeit von Moses Geburt mit Sklavenarbeit und Unterdrückung der Hebräer durch den Pharao sollte ausführlich behandelt werden. So lässt sich die spätere Befreiung als starker Kontrast vermitteln und den S wird die große Bedeutung für das Volk Israel klarer.
Da die Kinder meist stark an dem Thema „Ägypten" interessiert sind, verteilt die Lehrkraft Aufgaben, bei denen sich einzelne S mit einem Schwerpunktthema beschäftigen und ihre Ergebnisse im Klassenverband vorstellen. Als Themen bieten sich an: Pyramiden und ihr Innenleben, Mumifizierung, Leben am Hof der Pharaonen, Hieroglyphen und ihre Bedeutung usw.

Die S betrachten mit der L das Fries auf Seite 55. Die L erzählt von der Situation der Hebräer in Ägypten, auch davon, dass der Pharao den Hebräern das Stroh für die Ziegelherstellung verweigert. Um zu verstehen, in welche Not er sie damit bringt, muss den S die Arbeitsweise der Ziegelherstellung bekannt sein. Anhand des abgebildeten Wandfrieses lassen sich die einzelnen Arbeitsschritte der Ziegelherstellung den Bildern zuordnen:
Sklaven stellen Ziegel her, wie in Exodus 1,11-14 beschrieben. Lehm wurde mit klein gehäckseltem Stroh vermengt, in Holzformen gefüllt und in der Sonne getrocknet. Diese Ziegel benötigte der Pharao Ramses II für seine neue Residenzstadt. Die Sklaven waren Kriegsgefangene oder versklavte Beduinen.

Die L gibt den S anschließend das Fries als Puzzle. Jedes Puzzleteil stellt einen Arbeitsschritt dar. Diese sind nummeriert und ihnen werden die entsprechenden Tätigkeiten zugeordnet.
Nachdem die S wissen, wie Ziegel gebrannt werden, erhalten sie in Gruppen das Wandfries vergrößert und zeichnen zu den Sklaven Denk- und/ oder Sprechblasen: Was mag in den Köpfen der Arbeiter vor sich gehen?

Weitere Ideen:
An dieser Stelle kann bereits der Rap „Erde schleppen" (Seite 63) eintönig und langsam gesungen werden, um die Mühsal der Sklavenarbeit zu verdeutlichen.

Heftgestaltung (Ergebnissicherung)

In dieser Einheit wird ein Schwerpunkt auf den Hefteintrag gelegt.
Jede Seite, die entsteht, könnte am unteren Heftrand mit einer blauen Wellenlinie versehen werden, die sich fortlaufend durch die ganze Moseeinheit zieht. Sie erinnert an die Bedeutung des Namens des Mose (= „Aus dem Wasser gezogen").

Für die erste Heftseite verteilt die L Kopien des Pharao-Bildes aus dem Schülerbuch (Seite 63). Die S kleben das Bild in die Mitte der Seite. Um die Bedeutung des Pharaos für Ägypten zu betonen, wird er mit Goldfarben angemalt und das Bild mit ägyptischen Ornamenten umrahmt.
In das Bild zeichnen die Kinder Hebräer, die als Sklaven arbeiten und schreiben dazu ihre Tätigkei-

ten auf.
Zuletzt erhält jeder Sklave eine Sprech- oder Denkblase, in der die S mögliche Gedanken notieren.
Überschrift: Leben in Ägypten

Alternative:
Die S erstellen ein Buch mit den Geschichten, die sie im Laufe des Unterrichts über Mose erarbeiten, und beginnen mit der ersten Geschichte **(KV 3.2a, b)**.
Zu jedem Bild schreiben sie einen passenden Satz.

Seite 56 (1. Teil)

Vorbereitung

Psalm 4,2.3 wird von der L vor der Stunde an die Tafel geschrieben:

Erhöre mich, wenn ich rufe,
Gott meiner Gerechtigkeit,
der du mich tröstest in Angst;
sei mir gnädig und erhöre mein Gebet.
(Ps. 4,2.3)

Diese Psalmworte eignen sich auch als Eingangsgebet für die nächsten Stunden bis zur Geschichte von Moses Flucht (Seite 59).

Eingangssituation

Der Rap „Erde schleppen" (Seite 63) wird zum Einstieg gesungen.
Die S wiederholen anhand des Frieses (Seite 55), welche Arbeit die Sklaven in Ägypten verrichten mussten.

Erschließung

Die beiden Bilder auf Seite 56 stellen den Bezug zwischen der Fronarbeit der Hebräer damals und Kindern heute her. Gemeinsam ist, dass Menschen ausgebeutet werden.
Mit den S wird der Tagesablauf eines Kindes, das als Teppichknüpfer oder in Baumwollfeldern arbeitet, erarbeitet. Sie können diesem ihren eigenen Tagesablauf entgegenstellen. Wichtig ist, dass dabei der Bezug zur Situation der Israeliten/Hebräer nicht aus den Augen verloren wird.
Die S besprechen, was diese Kinder (Teppichknüpfer, Arbeitende auf den Baumwollfeldern und Hebräer) nicht haben, was uns aber zur Verfügung steht.
Die L und die S fassen das Gespräch zusammen und halten wichtige Erkenntnisse stichwortartig an der Tafel fest.

Beispiel: Kinder und Erwachsene müssen für den Pharao arbeiten, sie werden dafür nicht bezahlt. Sie werden schlecht behandelt. Zum Spielen bleibt für die Kinder keine Zeit. Sie können nicht zur Schule gehen ...

Ergebnissicherung

Da das Thema Kinderarbeit hier nicht vertieft werden kann, wird bei der Ergebnissicherung schwerpunktmäßig auf die Situation des Volkes Israel, der Kinder und der Erwachsenen, abgehoben.
Es geht um die generelle Einsicht, dass Zwangs- und Kinderarbeit nicht gut sind. Natürlich kann mit den Kindern besprochen werden, wann wir – oft ungewollt – von Kinderarbeit profitieren.
Gibt es einen „Eine-Welt-Laden" oder eine entsprechende, meist kirchliche Gruppe, können die S sich dort informieren.
Unter dem Stichwort: „Lass mein Volk doch frei ..." gestalten sie ein Flugblatt, in dem sie Kinderarbeit als Sklavenarbeit anprangern:
z.B. Israeliten mussten als Sklaven in Ägypten arbeiten.
Kinder arbeiten heute in ...
Gott hat Israel befreit.
Er ruft uns auf: Stoppt Kinderarbeit.

Die S überlegen gemeinsam eine Aktion oder planen eine Andacht.
Die S sprechen miteinander den o.g. Psalm (4,2.3) und übertragen ihn dann ins Heft.

Seite 56 (2. Teil)

Vorbereitung

Material:
- Kopien der Abbildung des Pharaos (S. 58)

Um die Geschichte von den beiden Hebammen zu verstehen, muss den S der Beruf der Hebamme bekannt sein. Dazu reicht es, wenn die L den S kurz erzählt, welche Aufgaben Hebammen bei der Geburt eines Kindes haben (Vorbereitung der Eltern auf die Pflege des Kindes, Hilfe bei der Geburt, nachsorgende Begleitung der Eltern in den ersten Monaten).

Erschließung

Anschließend erzählt die L die Geschichte der beiden Hebammen Schifra und Pua (2. Mose 1,15-22). Im Gespräch mit den S kann die Situation der

Hebammen herausgearbeitet werden, z.B. anhand einer kleinen Tabelle:

Die Hebammen haben die Aufgabe, …	**Der Pharao will …**
bei der Geburt eines Kindes zu helfen, den Eltern zu helfen etc.	dass Kinder getötet werden, den Eltern ihre Kinder wegnehmen etc.

Deutlich herausgestellt werden sollte die Gottesfurcht und Unerschrockenheit der Hebammen gegenüber dem Pharao.

Heftgestaltung (Ergebnissicherung)

Die S erhalten eine Kopie des Pharao von Seite 58, die sie ins Heft kleben. Dazu malen sie die beiden Hebammen und schreiben in Sprechblasen, was die beiden wohl dem Pharao sagen.
Überschrift: Schifra und Pua vor dem Pharao

Seite 57

Vorbereitung

Material:
- Karten mit den Namen der S; auf der Rückseite jeweils die Namensbedeutung bzw. Herleitung notieren
- Vorlage „Prinzessin am Fluss" **(KV 3.3)**
- Vorlage „Miriam im Versteck" **(KV 3.4)**

Eingangssituation

Die L verteilt die Karten mit der Rückseite nach oben in der Mitte eines Stuhlkreises. Die S finden heraus, zu welcher Bedeutung welcher Name gehört. Auf einem Kärtchen steht „Mose" und „aus dem Wasser gezogen". Dieses Kärtchen bleibt am Ende übrig.

Erschließung

Die L erzählt die Geschichte von Mose im Körbchen. Anschließend verweist sie auf das übriggebliebene Kärtchen und lässt die Schüler den zugehörigen Namen vermuten. Die S erhalten den Auftrag, die Geschichte im Buch (Seite 57) zu lesen und anschließend in Partnerarbeit ein Dankgebet der Eltern des Mose zu formulieren.
Der Name Mose wird in der Bibel von dem hebräischen Mascha gedeutet, der Herausgezogene (Ex.2,10). In Ägypten war der Name Mose weit verbreitet und bedeutet Kind (geboren).

Heftgestaltung (Ergebnissicherung)

Die Vorlage „Prinzessin am Fluss" **(KV 3.3)** wird ins Heft geklebt, dazu falten die S den Streifen „Miriam im Versteck" **(KV 3.4)** und kleben ihn auf:

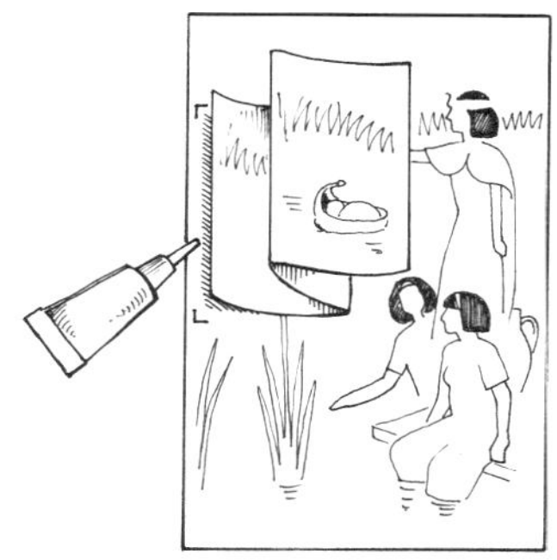

Alternative:
En Vorschlag für eine Gestaltungsarbeit in Verbindung mit dem Kunstunterricht: Mit einem Stück Pappe (Rückseite eines Zeichenblocks), das in Streifen geschnitten wird, drucken die Kinder Grashalme. Dazu wird die Kante des Pappstreifens mit grüner Deckfarbe gefärbt und auf ein Blatt gedruckt. Nach dem Trocknen malen die Kinder das Körbchen Moses, dazu Miriam und die Prinzessin mit ihren Dienerinnen auf ein weiteres Blatt Papier, schneiden die Umrisse aus und kleben es auf das gedruckte Gras.
Überschrift: Mose im Körbchen.

Seite 58

Vorbereitung

Material:
- Vorlage „Hände" **(KV 3.5)**

Utensilien für die Stationen:
- Bibel mit eingelegten Zetteln zum Auffinden von Psalmworten, die das Wort „Hand" enthalten
- Aus Tonpapier ausgeschnittene Hände **(KV 3.7)** mit Psalmworten wie: Ps 18,17, (Ps 19,2, Ps 20,7, Ps 31,6)*, Ps 31,16, (Ps 37,24), Ps 63,9, Ps 73,23, (Ps 90,17), Ps 104,28, Ps 139,5
- Bilder aus Zeitschriften, auf denen Handlungen wie streiten, helfen, bauen etc. zu erkennen sind
- Ton und Unterlage zum Arbeiten für die S
- Aus Tonpapier ausgeschnittene Umrisse einer Hand **(KV 3.7)**

* Die Verse der eingeklammerten Bibelstellen enthalten das Wort „Hand" nur in der Lutherübersetzung.

Eingangssituation

Zu Beginn der Stunde erfolgt eine Meditation über Hände: Die S sitzen im Stuhlkreis und betrachten ihre Hände. Sie denken darüber nach, was man mit ihnen alles tun kann. Dazu kann die L leise Musik einspielen (Flötenmusik, Klaviermusik), zu deren Erzeugung man die Hände braucht.

Erschließung

1. Unterrichtsschritt
Die L verteilt Zeichnungen von Händen **(KV 3.5)**. Die S überlegen sich dazu Tätigkeiten. Im Gesprächskreis werden die Vorschläge der S zusammengetragen.

2. Unterrichtsschritt
Anhand des Bildes im Buch beschreiben die S die Hände des ägyptischen Aufsehers: Keine Sklavenhände ... Sie dürfen schlagen ...

3. Unterrichtsschritt
Die L erzählt die Geschichte von Mose:
Mose ist inzwischen zum Mann herangewachsen. Er wurde von der Prinzessin am Königshof als ägyptischer Prinz erzogen. Viele denken, er sei der Kronprinz (so die Geschichtsschreiber Philo von Alexandrien und Flavius Josephus). Später aber wird klar: Gott wollte Mose so auf seine künftigen Aufgaben vorbereiten. Mose kennt sich am Hofe aus. Er kennt alle Sitten und Gebräuche und weiß, wie man mit dem Pharao reden muss usw.
Aber er hat nie vergessen, dass er ein Hebräer ist. Deshalb wird er wütend, als er sieht, dass ein ägyptischer Aufseher einen hebräischen Sklaven schlägt.
Er erschlägt den Aufseher.
Die Hebräer aber verstehen diese Tat nicht. Für sie ist Mose doch ein ägyptischer Prinz.
Als der Pharao von dem Mord hört, muss Mose fliehen.
In diesem Augenblick verliert er alles: das gute Leben am Hofe, den möglichen Thron ...

4. Unterrichtsschritt
In Partnerarbeit lesen die S noch einmal die Geschichte auf Seite 58: Einer liest, der andere führt die Bewegungen aus.
Im Klassengespräch tragen die S zusammen, welche „guten" und „bösen" Taten mit den Händen ausgeführt werden können.

5. Unterrichtsschritt
An Stationen erarbeiten die Kinder, in welchen Psalmversen der Begriff „Hand" vorkommt:

Station 1: Die Kinder umfahren die eigene Hand auf einem Blatt Papier, schneiden sie aus und schreiben ein Dankgebet über ihre Hände hinein.

Station 2: In Hände aus Tonpapier (s. Station 1) schreiben die Schüler einen Psalmvers, den sie aus einer Sammlung Kärtchen auswählen, z.B.: „Meine Zeit steht in deinen Händen" (Psalm 31,16) oder „Von allen Seiten umgibst du mich und hältst deine Hand über mir" (Psalm 139,5). Sie können den Vers als Gebet weiterschreiben.

Station 3: Aus Ton formen die Kinder eine passende Skulptur zu einem Bibelvers, in dem Hände vorkommen. Beispiel: Von allen Seiten umgibst du mich und hältst deine Hand über mir (Psalm 139, 5).

Station 4: Aus mehreren Bildern, die Handlungen (bauen, schlagen, helfen, tragen ...) zeigen, wählen die S eines aus und schreiben dazu ein Gebet auf eine Tonpapierhand.

Station 5: Eine Bibel liegt bereit. Darin sind Verse, die von Händen bzw. der Hand Gottes handeln, durch eingelegte Zettel markiert. Die S wählen sich einen Vers aus und schreiben ihn auf eine Tonpapierhand **(KV 3.7)**. Da auch schwer verständliche Handlungen Gottes in manchen Psalmversen beschrieben werden, wäre das ein hervorragender Anlass, mit den Kindern ins Theologisieren zu kommen.

Ergebnissicherung

Mit den beschrifteten Händen kann ein Plakat gestaltet werden. Die Arbeiten an den Stationen werden im Klassengespräch vorgestellt.

Heftgestaltung

Die Schüler umfahren ihre Hand auf einem Blatt Papier. In diese Hand schreiben sie „schlechte" Handlungen, die Mose/sie schon mit ihren Händen verrichtet haben. Die Papierhand schneiden sie aus und falten die Figur nach innen zu einer Faust. Der „Handrücken" wird ins Heft geklebt, die „Finger" bleiben so beweglich. Auf die Finger schreiben die S Auswirkungen böser Handlungsweisen, zum Beispiel „Schlagen zerstört".
In eine weitere Hand schreiben sie einen Satz, der positive (gute) Handlungen zum Ausdruck bringen soll: „So kann ich mit meinen Händen Gutes tun."

Auch diese Hand kleben sie ins Heft.
Überschrift: Mose tötet.
Mit meinen Händen kann ich Gutes und Böses tun.

Seite 59

Vorbereitung

- Umrissfiguren „Mose bei Jethro" **(KV 3.6)**

Eingangssituation

Als Einstieg betrachten die S das Bild auf Seite 59. Nach einer Zeit der stillen Betrachtung beschreiben sie. Sie werden erkennen, dass kein Kreuzfahrtschiff abgebildet ist, auf dem Urlauber durch die Meere reisen. Die S vermuten den Anlass der Schiffsreise (Flucht). Falls die Kinder nicht allein auf den Begriff „Flüchtling" kommen, hilft die L durch Impulse nach. Beispiel: „Stellt euch vor, in dem Land, von dem das Schiff kommt, herrscht Krieg."

Erschließung

1. Unterrichtsschritt
Die S stellen den Bezug zwischen dem Foto im Buch und Mose her. Stichwort ist der Begriff „Flucht". Die L lässt begründen, weshalb Mose auf der Flucht ist. Dabei wird die Geschichte der letzten Sequenz wiederholt.
Die L erzählt die Geschichte weiter.

Information für die L:
Jethro ist ein Priester der Midianiter. Für Beduinen ist es eine Ehrensache, Flüchtlingen Asyl zu geben. Nun lernt Mose das Leben und Überleben in der Wüstensteppe kennen. Diese Erfahrungen helfen ihm später, sein Volk nach dem Auszug zu führen. Mose erkennt erst viel später in seinem Leben, warum auch diese Zeit bei Jethro genau wie seine Jahre am Hof des Pharao so wichtig war.

2. Unterrichtsschritt:
Im Buch liest ein S die erzählenden Teile der Geschichte jeweils bis zum Beginn einer wörtlichen Rede laut vor. Die übrigen Kinder spielen den Text und formulieren dabei die Rede-Sätze der entsprechenden Personen selbst.
Den letzten Absatz liest ebenfalls ein Kind vor. Die Namensbedeutung von Mose wird wiederholt. Dabei können die Kinder auch ihre eigenen Namensbedeutungen noch einmal einbringen.

3. Unterrichtsschritt
Das Bild auf Seite 59 wird noch einmal betrachtet und der Bezug zu Mose hergestellt.
Der Begriff Asyl wird im Unterrichtsgespräch erläutert und eventuell durch aktuelle Beispiele der S ergänzt.

Heftgestaltung (Ergebnissicherung)

In die Mitte einer Heftseite (im Querformat) wird ein Brunnen gemalt. Die S malen alle Personen, die sich in der Mose-Geschichte dort begegnen (Mose, Hirten, 7 Töchter, Schafe, Ziegen). Alternativ schneiden sie die Figuren **(KV 3.6)** aus und kleben sie um den Brunnen.
Überschrift: Mose findet Asyl bei Jethro

Seite 60 (oben)

Vorbereitung

- Bilder von ägyptischen Göttern (z.B. aus dem Internet)
- Moskitonetz und Befestigungsmöglichkeit an der Decke

Eingangssituation

Die L zeigt den S die verschiedenen Darstellungen von ägyptischen Göttern. Dazu malt sie auf ein Blatt Papier ein großes Fragezeichen. Die L fragt nach der Bedeutung dieser Götter. Die Kinder überlegen, welche Aufgabe einzelne Götter damals hatten.

Erschließung

Information für die L:
Mose kennt den ägyptischen Götterglauben. Von Jethro hört er von dem einen Gott, dem Jethro als Hohepriester dient.

Das Gespräch zwischen Jethro und Mose wird nachgespielt.
Dazu hängt die L ein Moskitonetz an die Decke. Immer abwechselnd setzen sich zwei Kinder mit dem Schulbuch hinein. Sie lesen den Text mit verteilten Rollen vor. Anschließend führen sie das Gespräch weiter:
Was heißt vertrauen?
Wie stelle ich mir Gott vor?
Wer ist Gott für mich?
Nach jedem Rollenspiel oder am Ende sollte über die Vorstellungen der Kinder von Gott gesprochen werden.

Heftgestaltung (Ergebnissicherung)

Ein Bild von Jethro wird gemalt und mit einer Sprechblase versehen. Die Kinder suchen sich einen Satz aus dem Dialog auf Seite 60 aus, den Jethro äußerte, und schreiben ihn in die Sprechblase. Das Wort „Gott" sollte in jedem Satz vorkommen.
Unter das Bild schreiben die Kinder einen Satz über ihre eigene Gottesvorstellung. Satzanfänge (z.B. „Gott führt …", „Gott begleitet …", „Gott will …") können vorgegeben werden.

Seite 60 (unten) und Seite 61 (Teil 1: Der Gottesname)

Vorbereitung

Material:
- Eglifigur als Mose
- Vase mit Zweig
- Plakat (min. DIN A3)
- Transparentpapier (gelb, rot, orange, braun)
- ggf. Butterbrotpapier und Pappe

Eingangssituation

Erneut spielt der Name eine wichtige Rolle. Dieses Mal ist es der Name Gottes. Die Kinder wiederholen noch einmal ihre Namensbedeutungen. Gemeinsam werden Ausschnitte aus Psalm 139 in einer kindgemäßen Übertragung gelesen (z.B. Seite 75).

Erschließung

Die L schreibt das hebräische Tetragramm (die vier Buchstaben des Gottesnamens) an die Tafel (Vorlage im Buch auf Seite 61). Die Kinder versuchen herauszufinden, welche Sprache das ist.
Die Bedeutung von JHWH erklärt die L noch nicht.

Nun erzählt die L die beiden Erzählungen „Der brennende Dornbusch" und „Gott spricht mit Mose", wobei sie den Schwerpunkt auf die Mosefrage nach dem Gottesnamen (2. Mose 3,13) legt.
Für die Erzählung der Geschichte eignet sich ein Zweig, der in einem Topf oder einer Vase in die Mitte gestellt wird. Dazu wird eine Eglifigur als Mose gestellt, die während der Erzählung verschiedene Haltungen einnimmt.

Ergebnissicherung

Nach der Erzählung besprechen die S die Bedeutung des Gottesnamens, wie er in der Geschichte interpretiert wird.
Sie überlegen, was der Name für Mose bedeutet (Distanz: Ich bin, der ich bin) und Nähe (Ich gehe mit Dir).
Weil wir an den gleichen Gott glauben, wird auch darüber gesprochen, was der Name Gottes für die S persönlich bedeuten kann.
Auf ein Plakat schreibt die L das Tetragramm und lässt die S in einer Art Schreibkonferenz ihre eigenen Namensbedeutungen Gottes finden. Ohne Kommentar notieren die S ihre Gedanken auf dem Plakat. Nach der Schreibphase, die in der Stille durchgeführt wird, wird ohne Bewertung über die Schülernotizen gesprochen.

Heftgestaltung

Die S zeichnen mit braunen Buntstiften einen Busch ins Heft. Dann reißen sie aus gelbem, rotem und orangefarbenem Transparentpapier kleine Flammenformen und kleben sie auf. Mose wird aus braunem Papier ausgeschnitten, ebenso seine Schuhe, und neben den Busch geklebt. Über den Busch schreiben die Kinder das Tetragramm. Dazu zeichnen sie eine Sprechblase und schreiben zum Tetragramm die deutsche Bedeutung in zwei Sätzen hinein. (Ich bin, der ich bin. Ich begleite dich).
Anstatt den Busch zu zeichnen, kann auch ein schwarzer Tintenklecks ins Heft getropft werden, den die Schüler mit einem Trinkhalm vorsichtig (!) verblasen. Nach dem Trocknen folgt das Aufkleben der Flammen wie oben beschrieben.
Als Gestaltungsarbeit für das Fenster – auch in Verbindung mit dem Kunstunterricht – können die Schüler das Bild auf Butterbrotpapier gestalten. Dies wird anschließend in einen Rahmen aus Pappe (ca. 30 x 20 cm) geklebt.
Überschrift: Mose am brennenden Dornbusch

Seite 61 (Teil 2: Der Auftrag)

Vorbereitung

Material:
- Wortkarten „Mose", „Gott"
- Arbeitsblatt „Argumente" **(KV 3.8)**

Eingangssituation

Zwei S setzen sich gegenüber zu einem Stehgreifspiel. Die L gibt ein Thema vor, das einen Auftrag in einer schwierigen Situation enthält, zum Beispiel: „Stellt euch vor, euer Mitschüler, mit dem ihr kürzlich Streit hattet, ist erkrankt und ihr sollt ihm die Hausaufgaben bringen." Der eine S spielt die L, die den Auftrag erteilt, der andere den S. Argumente für und gegen die Hilfe für den Mitschüler aus Sicht der Schüler werden ausgetauscht.

Erschließung

Das Gespräch zwischen Gott und Mose wird von der L ausführlich erzählt. Für die Erzählung bietet sich an, Stichworte vorzubereiten, um die Reihenfolge der Argumente des Mose beizubehalten.
Im Einzelnen sind sie nachzulesen in 2. Mose 3,1–4,17:

Mose	Gott
Wer bin ich? (3,11)	Ich will mit dir sein (3,12)
Wie ist dein Name? (3,13)	Ich bin, der ich bin (3,14)
Sie werden mir nicht glauben (4,1)	Gott gibt Mose Zeichen (4,2-9)
Ich bin nicht beredt gewesen (4,10) [Mose hat vermutlich gestottert!]	Ich will mit deinem Munde sein und dich lehren, was du sagen sollst (4,11 f.)
Ich will nicht! [Sende doch, wen du willst!] (4,13)	Aaron wird dir entgegenkommen (4,14)

Information für die L:
Mose bekommt als sichtbares Zeichen den gekrümmten Stab des Hirten und des Herrschers (wie der Pharao). Aus diesem Stab kann auch eine Kobra werden, die der Pharao auf seiner Krone trägt. Er wird so dem König gleichgestellt. Gleichzeitig aber steht er über diesem, weil Gott ihn begleitet.

Auf dem Boden liegen die Wortkarten „Mose" und „Gott". Abwechselnd werden dazu Sprechblasen mit den Stichworten der Diskussion zu Gott oder zu Mose gelegt (ggf. **KV 3.8** vergrößert).
Die S äußern sich zu dem Gespräch und zu Moses Einwänden. Sie benennen weitere Geschichten, in denen Gott mit Menschen redete.

Ergebnissicherung

Die L deutet auf die beiden Stühle vom Beginn der Sequenz und lässt die S den Bezug zur Mosegeschichte herstellen: Mose gebraucht Ausreden ebenso, wie wir sie oft verwenden, wenn uns eine Aufgabe unangenehm erscheint.

Heftgestaltung

Auf einem Arbeitsblatt **(KV 3.8)** sind die Argumente der Diskussion in Sprechblasen aufgezeichnet. Die S schneiden sie aus und kleben sie in ihr Heft. Bei richtiger Reihenfolge erscheint das Wortpaar „Mose und Gott".
Überschrift: Mose diskutiert mit Gott.

Seite 62/63

Vorbereitung

/

Eingangssituation

Die L schreibt an die Tafel: Mose – was nun?
Die S überlegen, was Mose nun tun wird, und wiederholen dabei das Geschehen am brennenden Dornbusch.
Ein Gespräch entsteht: Soll Mose zurück? Was wird ihn erwarten?
Was sagen seine Frau und sein Schwiegervater?
Die S äußern sich: Soll Mose auf Gott hören und ihm vertrauen? Wovor muss er vielleicht Angst haben?

Erschließung

Die S lesen die Texte auf Seite 62 („Auf dem Weg nach Ägypten" und „In Ägypten angekommen"). Sie arbeiten in Partnerarbeit heraus, was Gott Mose versprochen hat und was sich in dieser kurzen Geschichte erfüllt. Ergebnis: Alles geschieht so, wie Gott es ihm gesagt hat.

Ergebnissicherung

In einem Rollenspiel wiederholen die S noch einmal die Geschichte bis zur Begegnung Moses mit Aaron. Sie spielen den Dialog zwischen Mose und Aaron.

Heftgestaltung

Die S malen Mose und seine Familie beim Abschied von Jethro. Sie schreiben in eine Denkblase Moses Gedanken, seine Ängste und Sorgen, sein Ziel.
Überschrift: Mose kehrt zurück – Gott hält, was er verspricht.

Alternative: Die S schreiben einen Abschiedsbrief Moses an Jethro, in dem die Sorgen und Ängste des Mose erwähnt werden.

Seite 63

Vorbereitung

Material:
- Leere Karteikarten
- Bild auf Seite 63, vergrößert

Eingangssituation

Die L knüpft an die Erzählung „In Ägypten angekommen" (Seite 62) an: Nun müssen Mose und Aaron den Auftrag Gottes ausführen. In Dreiergruppen tauschen die Kinder ihre Vermutungen aus, wie sich die Begegnung Moses und Aarons mit dem Pharao abgespielt haben könnte, und spielen diese vor.

Erschließung

1. Unterrichtsschritt
Die S lesen den Text auf Seite 63.

2. Unterrichtsschritt
Die S betrachten das Bild und beschreiben den Pharao.

Information für die L:
Der abgebildete Herrscher könnte Ramses II. gleichen. Der ließ übrigens bei den Statuen seiner Vorgänger deren Namen ausmeißeln und seinen eigenen anbringen.
Auf dem Thron sitzt er als Sohn des Sonnengottes und trägt den Titel Horus, der ihn als Gott legitimiert. Sein Hofstaat ist über alles prächtig.
Nach seinem Tod wird er zu Osiris und vermittelt zwischen Göttern und Menschen. Er lässt das Korn und Vieh gedeihen, er lässt den Nil das nötige gute Wasser bringen, er lässt die Kinder im Mutterleib heranwachsen.
Das ist der Glaube der Ägypter.
Aber all dies, seine ganze Göttlichkeit, wird mit den 10 Plagen infrage gestellt.

Die S suchen Adjektive, die auf den Pharao zutreffen: streng, mächtig, prächtig geschmückt ... Diese schreiben sie auf Karten und hängen sie an die Tafel um ein Bild des Pharaos (Bild von S. 63 vergrößert), das die L bereits an der Tafel angebracht hat.

3. Unterrichtsschritt
Der Pharao lässt sich von Gott nichts sagen. Er hält sich selbst für Gott. Aus Wut lässt er die Hebräer noch härter arbeiten. Der Sprechgesang auf der Seite gibt die Situation der Hebräer wieder.
Die S stellen sich zum Bild des Pharaos an die Tafel und sprechen die Worte zunächst langsam, dann immer schneller. Schließlich wird der Text im Kanon gesprochen.

Ergebnissicherung

Die S erfinden weitere Strophen für den Rap, die den Pharao charakterisieren.

Beispiel:
Herrschen will ich,
ich allein.
Keinen Gott brauch ich dazu.
Neben mir soll keiner sein.
Nur ich selbst bin mir genug.

Heftgestaltung

Die S schreiben auf eine Heftseite Adjektive, die den Pharao charakterisieren. In die Mitte der Seite malen sie ein Bild des Pharaos.
Überschrift: Der Pharao ist stur.

Seite 64/65

Vorbereitung

Material:
- Handspiegel
- Puzzleteile „10 Plagen", vergrößert **(KV 3.9)**
- Kopie der Puzzleteile „10 Plagen" für jede/n S **(KV 3.9)**

Eingangssituation

Die L zeigt den S den mitgebrachten Handspiegel. In einem kurzen Gespräch wird geklärt, wofür so ein Spiegel gebraucht werden kann.

Die Kinder machen Gesten vor dem Spiegel und entdecken, dass sie mit ihren Gesten auf sich selbst zielen.

Erschließung

Die L erzählt die Geschichte von neun Plagen, wobei die Starrsinnigkeit des Pharaos und die Geduld Gottes herausgestellt werden.
Während der Erzählung hängt die L Bilder an die Tafel **(KV 3.9)**, die sich zusammengesetzt zu einer Pyramide fügen.

Information für die L:
Die neun Plagen beschreiben Erfahrungen von Naturgewalten, die der Pharao in seiner Göttlichkeit abwenden soll. Sie kommen auch heute noch vor, wie die explosionsartige Vermehrung von Fröschen oder Stechfliegen, Gewitter und Hagel. Viehseuchen und Heuschreckenplagen kennt man überall im Orient.
Für den biblischen Erzähler geht es aber nicht um naturwissenschaftlich nachweisbare Naturkatastrophen, sondern vielmehr um das Handeln Jahwes. Nicht der Pharao ist Gott, sondern er: Wer sich ihm nicht anvertraut und seinen Weisungen nicht gehorcht, muss die Folgen auf sich nehmen. Die neun Plagen zeigen eine Steigerung dieser Folge des Ungehorsams.
Die ersten drei betreffen die Erschwernis des Lebens, die nächsten drei Plagen die Schädigung des Lebens und die letzen drei die ernsthafte Lebensgefahr. Sie findet ihren Höhepunkt in der zehnten Plage, dem Tod der Erstgeborenen.
Man kann auch vier Grundübel erkennen: Verseuchung des Leben spendenden Wassers, Überhandnahme des krank machenden Ungeziefers, Krankheit und Unwetter.
Die theologische Aussage wird Mose später im ersten und zweiten Gebot aufzeigen: Jahwe ist der einzige Gott. Der Pharao verliert den Machtkampf gegen Gottes Boten.

Ergebnissicherung

Nach der Erzählung zeigt die L erneut den Spiegel. Die S stellen mit Handbewegungen pantomimisch das Verhalten des Pharaos gegenüber Mose und Aaron nach. Die L hält ihnen dabei jeweils den Spiegel vor. Im Gespräch wird erarbeitet: Böse Taten können auf einen selbst zurückfallen.

Heftgestaltung

Die Schüler erhalten die Vorlage „10 Plagen" **(KV 3.9)** als Arbeitsblatt zum Ausschneiden. Sie sortieren die Puzzleteile in die richtige Reihenfolge und kleben sie ins Heft. Das leere Dreieck kann später ausgefüllt werden.
Überschrift: Zehn Naturkatastrophen über Ägypten

Seite 66

Vorbereitung

Material:
- Spielkegel
- DIN-A3-Plakat
- Kopie Seite 66

Eingangssituation

Die S betrachten die Bilder auf den Seiten 64 und 65. Sie stellen den Spielkegel auf das Bild mit der Naturkatastrophe, die sie für die schlimmste halten. Im Klassengespräch werden die Plagen wiederholt und die Meinungen ausgetauscht.
Die S äußern sich, ob es noch schlimmere Naturkatastrophen für sie gibt. Anschließend zeichnet die L einen Grabstein an die Tafel, auf dem die Todesdaten eines Kindes stehen. Möglich wäre auch eine Todesanzeige für ein Kind aus der Zeitung, die auf dem OHP gezeigt wird. Die Kinder erzählen von ihren Erfahrungen und Kenntnissen.

Erschließung

1. Unterrichtsschritt
Die L erzählt die Geschichte von der 10. Plage und den Vorbereitungen zum Auszug. In der Erzählung darf das Leid der ägyptischen Eltern nicht verschwiegen werden. Hier ist Gott nicht verstehbar.

Information für die L:
Das Blutopfer des Erstgeborenen wurde bei Katastrophen gebracht. Hier fordert es Jahwe selbst ein, verschont aber die Sklaven. Dafür wird ein erstgeborenes Schaf geschlachtet und dessen Blut an die Türpfosten gestrichen – ein uralter Brauch der Nomaden, wenn sie im Frühling von der Oase auf die Sommerweiden aufbrachen.
Dieser Ritus des Aufbruchs wird im Passahmahl aufgenommen: Jahwe hat die Hebräer (sie werden in der Bibel auch Kinder Israels genannt) gerettet und ihnen die Freiheit geschenkt.

2. Unterrichtsschritt
Das Bild von Brigitte Kraft auf Seite 66 lässt den Schmerz und die Klage der Ägypter nachfüh-

len. Die Kinder berichten von ihren Erlebnissen mit sterbenden/toten Menschen. Sie schreiben in Sprechblasen, was die Mutter auf dem Bild sagen könnte, und legen sie ins Buch.

3. Unterrichtsschritt

Die S beten zusammen mit der L den Anfang von Psalm 22.

Gott, kann ich zu dir beten?
Hörst du mich? –
Erhör doch mein Gebet!
So komm doch, Gott, und hilf!
Ich steh ganz allein gelassen;
hast du mich denn vergessen?
Herr, ich ruf und schreie!
Keiner kommt und hilft.
Erhör doch mein Gebet!
So komm doch, Gott, und hilf!
Gott, ich ruf, wenn's hell ist.
Antwort hör ich nicht,
und auch in der Nacht
find ich keine Ruhe.
Erhör doch mein Gebet!
So komm doch, Gott, und hilf!
Ich wende mich zu dir.
Verlass mich nicht, mein Gott!
Erhör doch mein Gebet!
So komm doch, Gott, und hilf!

Ergebnissicherung

Auf DIN-A3-Plakaten gestalten die Kinder ein buntes, fröhliches Bild zum Thema „Leben“. Danach tauschen sie ihr Bild mit einem anderen Kind und bringen den „Tod“ in das Bild. Anschließend werden die Bilder betrachtet. Das Kind, welches das „lebendige Bild“ gestaltet hat, äußert sich zu der Zerstörung durch den Tod, der ins Bild gesetzt wurde.

Heftgestaltung

Eine Kopie der Frau und des Kindes wird ins Heft geklebt, dazu die Sprechblasen. Die Kinder wählen passende Farben, die zu ihrem Empfinden passen, und gestalten den Hintergrund. Das leere Dreieck **(KV 3.9)** kann gestaltet werden.
Überschrift: Die 10. Plage – Das Volk zieht aus.

Seite 67/68/69

Vorbereitung

Material:
- Passahteller (siehe auch Erläuterungen Seite 32/33)
- Domino **(KV 3.10)**

Eingangssituation

Die S notieren auf einem Zettel drei Dinge, die sie mit auf eine einsame Insel nehmen würden. Die Zettel werden eingesammelt und anschließend ohne Namensnennung vorgelesen. Im Gespräch wird erarbeitet, was den S für ihre Lebensgestaltung wichtig ist.

Erschließung

1. Unterrichtsschritt

Die L erzählt die Fortsetzung der Geschichte. Sie erwähnt auch, dass sich die Hebräer von den Ägyptern Schmuck und Gold geben ließen (2. Mose 12,35). Daran wird später bei der Geschichte vom goldenen Kalb erinnert.

2. Unterrichtsschritt

Der Text auf Seite 67/68 wird gelesen. Die Kinder erinnern sich an ihre Wünsche am Anfang der Stunde und überlegen nun neu, was sie als Hebräer mitgenommen hätten.

3. Unterrichtsschritt

Die L erzählt, dass die Juden heute zur Erinnerung an den Auszug ihrer Vorfahren, der Hebräer, das Passahfest feiern. Auf einem Teller hat sie die Speisen des Passahfestes als Bilder oder real angeordnet. Sie erzählt vom Ablauf des Passahfestes. Dabei bindet sie die Impulse von Seite 65 mit ein. (Weitere Informationen zum Passahfest siehe Seite 32/33.)
Die Bedeutungen der Speisen sollen die Kinder anhand eines Dominos **(KV 3.10)**, das sie in Gruppen spielen, herausfinden.
Anschließend tragen sie ihre Ergebnisse vor.

Ergebnissicherung

Als Abschluss lesen die S das Psalmgebet auf Seite 69.

Heftgestaltung

Die S zeichnen einen Tisch mit den Speisen des Passahfestes und schreiben dazu die jeweilige Bedeutung.
Überschrift: Das Passahfest

Seite 70/71

Vorbereitung

- Geschichte „Onkel Toms Hütte"
- ggf. Baumwollzweig

Eingangssituation

Das Lied „Als Israel in Ägypten war" eignet sich neben des am Anfang des Mose-Kapitels vorgeschlagenen Liedes „Bewahre uns Gott" als weiteres Begleitlied durch die Mose-Einheit.
Zu Beginn singt die L die erste Strophe des Liedes mehrmals vor und lässt die S nur die Passage „let my people go" mitsingen. Anschließend singen die Kinder den Kehrvers, während die L die restlichen Strophen singt. Diese können von den Kindern auch auf Deutsch gesungen werden (siehe Impuls). Mit tiefen Instrumenten, die die Melancholie des Liedes verdeutlichen, begleiten die Kinder das Stück. Es eignen sich Trommeln, Pauken und Boomwhackers (e und h). Mit diesen Instrumenten kann ein Rhythmus vor und nach dem Lied gespielt werden. Als begleitender Rhythmus wechseln die Instrumente pro Strophe ab.

Erschließung

Die L berichtet über die Entstehung von Spirituals eventuell anhand der Geschichte von Onkel Toms Hütte. Sie kann dazu einen Baumwollzweig mitbringen, um die Arbeit der Sklaven zu illustrieren. Die Erzählung wird mehrfach durch Singen des Liedes unterbrochen.

Ergebnissicherung

Die Geschichte von Onkel Toms Hütte wird von den Kindern nacherzählt. In Partnerarbeit kann jeweils eine Szene der Geschichte gemalt und anschließend als Bilderreihe im Klassenzimmer aufgehängt werden.

Heftgestaltung

Die S schreiben das Lied in ihr Heft und lernen es auswendig.

Seite 72

Vorbereitung

Material:
- Abbildung: Verkehrsschild „Sackgasse"
- Folienbilder **(KV 3.11)**
- Lied „Mose hob den Stab" **(KV 3.12)**
- Dazu ggf. CD „Kinder tanzen ihre Lieder"[2]
- Kopiervorlage „Schilfmeer" **(KV 3.13)**

Eingangssituation

Die L zeigt ein Verkehrsschild „Sackgasse" und lässt es die S erklären.
Gemeinsam wird die übertragene Bedeutung des Begriffs erarbeitet. Was heißt es, wenn man von jemandem sagt, er sei „in eine Sackgasse geraten" oder habe sich „in einer Sackgasse befunden"? Die S erzählen von Situationen, in denen sie selbst oder Menschen, die sie kennen, eine Zeit lang keinen Ausweg mehr aus einer Situation wussten.

Erschließung

Die L erzählt die Geschichte vom Durchzug durch das Schilfmeer anhand der Folienbilder **(KV 3.11)**.

Information für die L:
Der Ausgangspunkt der Flucht dürfte Piramesse, die neu gebaute Hauptstadt von Ramses II. im Nildelta, sein. Jetzt zeigt sich, wie wichtig für Mose die Lehrjahre in der Wüste waren. Er kennt den „Schleichpfad" durch das Schilfmeer. Nur auf diesem Weg konnten die Beduinen an den Nil und von ihm weg kommen. Ansonsten war die Grenze nach Osten bestens durch Soldaten gesichert. Auch die Windverhältnisse waren den Beduinen wohl vertraut. Wehte ein scharfer Ostwind, wurde die Furt frei vom Wasser. Bei steigendem Winddruck aber konnte das Wasser in Minutenschnelle drei bis fünf Meter hoch anwachsen. Gottes Führung bedeutet auch, sich menschlicher Erfahrungen in der Natur zu bedienen.
Es gibt viele andere Theorien, aber sie sollten im Unterricht keine Rolle spielen. Wichtig ist die theologische Aussage:
- Gott will, dass wir aus Erfahrungen lernen und diese auch anwenden.
- Gott will uns helfen, gerade auch mit unserem Tun. Das gilt auch später für das Mannawunder: Gott ist es, der für unser tägliches Brot

[2] Siegfried Macht: Kinder tanzen ihre Lieder. München: Strube Verlag 2001

sorgt – aber mit unserem Tun. Dafür wollen wir dankbar sein. Und bei Tisch Gott loben.
- Jeder Mensch darf mit Gottes Wunder rechnen – und darf auch im Gebet darum bitten!

Ergebnissicherung

Nach der Erzählung hält die L erneut das Schild „Sackgasse" hoch. Die S erkennen den Bezug zur biblischen Geschichte: Vor dem Volk war das Meer, links und rechts die Wüste und hinter ihm die Ägypter. Es befand sich in einer Sackgasse.

Zum Lied „Moses hob den Stab" **(KV 3.12)** kann anschließend getanzt werden.
Die Kinder erzählen von eigenen Erlebnissen, in denen Gott Wunderbares getan/geholfen hat.

Heftgestaltung

Die S malen das Arbeitsblatt „Schilfmeer" **(KV 3.13)** aus und kleben es ins Heft. Auf den vorderen Flügel der Klapparbeit kleben sie den Streitwagen. Der Segen von Seite 72 wird dazugeschrieben und auswendig gelernt.
Überschrift: Durchzug durch das Schilfmeer.

Seite 73

Vorbereitung

Material:
- Kopiervorlage „Stiergott" **(KV 3.14)**
- Papierkorb und Decke
- Plakat mit Abbildung eines Podestes/Sockels
- Kataloge und Prospekte zum Ausschneiden

Eingangssituation

Auf dem Stier **(KV 3.14)** notieren die Kinder einen Gegenstand, der ihnen sehr wichtig ist, und einen zweiten, von dem sie glauben, dass er ihnen Glück bringt. Die L stellt zwischenzeitlich den leeren (!) Papierkorb umgekehrt in die Mitte, legt eine Decke auf. Die S lesen ihre Notizen vor und legen ihren Stier auf die Decke.
Die Bedeutung von Glücksbringern wird erörtert.

Erschließung

Die L erzählt die Geschichte vom Tanz ums goldene Kalb. Um Moses Zorn bei der Rückkehr vom Berg zu veranschaulichen, wirft sie während der Erzählung den Papierkorb um. Die Stiere fallen zu Boden.
Die S beratschlagen, was jetzt geschehen soll, und lesen anschließend im Buch, wie die Geschichte weitergeht.
Das Bild Seite 73 kann danach betrachtet werden.

Ergebnissicherung

Die S nennen weitere „Götzenbilder", auf die Menschen vertrauen, und schaffen den Bezug zum Beginn der Unterrichtssequenz.

Die L hat auf ein Plakat ein Podest gezeichnet. Darauf kleben die S Bilder von Menschen und Dingen, die heute wie Götzen verehrt werden. Die Abbildungen sind in Jugendzeitschriften und Katalogen von Versandhäusern zu finden. Weitere Bilder können dazugemalt werden.

Heftgestaltung

Die S zeichnen ein Podest in ihr Heft. Dazu gestalten sie eine Menschenkette und kleben sie im Halbkreis seitlich und unter das Podest. Den Stier kleben sie entweder auf das Podest (Situation, bevor Mose zurückkam) oder sie zerreißen ihn und kleben ihn neben das Podest.
Überschrift: Der Tanz um das goldene Kalb.

Seite 74 und 75 oben

Vorbereitung

Material:
- Bildmotive von Seite 74 vergrößert
- Gebetsheft (Extraheft für jede/n S, Format DIN A5 oder A6)
- Graues Tonpapier

Eingangssituation

Grundsätzlich eignen sich die Gebete zu den Geboten für die Gestaltung des Eingangsrituals.
In Anknüpfung an die Heftgestaltung zu Seite 73 betrachten die S die kleinen Bildmotive auf Seite 74. Es sind Dinge/Situationen/„Stars" dargestellt, die im Leben vieler Menschen heute eine sehr wichtige Rolle spielen.
Sie sollen anregen, über heutige Götzen nachzudenken. Was steht an Gottes Stelle, wird verehrt, ja angebetet?
Die S lesen den Impuls „Martin Luther sagt: ..."

Erschließung

1. Unterrichtsschritt

Die L erzählt rückblickend, wie Mose dem unsichtbaren Gott vertraut und sein Volk bis an den Sinai geführt hat. Nun gilt es für Israel, wie auch immer wieder für uns, die Frage zu beantworten, wem Israel mehr vertraut: dem Gott, der es durch Mose geführt hat, der aber unsichtbar ist, oder einem sichtbaren, von Menschen gemachten Bild.
Die S stellen das Plakat vor, das sie über Götzenbilder (vorherige Sequenz) gestaltet haben. Die L legt eine Karte mit dem Satz „JHWH, Gott, ist für dich da" als stummen Impuls auf das Plakat. Mit den S wird über die Erfahrungen gesprochen, die Israel und auch sie selbst mit Gott gemacht haben und machen können.

Information für die L:
Die Schwierigkeit des 1. Gebotes besteht darin, dem unsichtbaren Gott zu vertrauen. Diese Schwierigkeit zeigt sich auch in der Gebetserziehung und -praxis. Die Imaginationskraft der S ist dabei hilfreicher als das nüchterne Abwägen Erwachsener.

2. Unterrichtsschritt

Die L hat eines der Bildmotive von Seite 74 unten aus dem Buch kopiert und vergrößert und legt es ebenfalls auf das Podest auf dem Plakat. Die S nennen noch weitere Menschen und Dinge, die wichtiger werden können als Gott.

Hinweis für die L:
Dieses Problem kann nicht erschöpfend besprochen werden, darf nicht moralisierend oder indoktrinierend weitergeführt werden. Der Denkanstoß wird durch das wiederholte Lesen des ganzen Gebotes und das auf der nächsten Seite folgende Gebet aufgenommen.

Ergebnissicherung

Die Gebete zu den Geboten (Seite 75 ff.) können in ein Extra-Heft, ein Gebetsheft, eingetragen und ergänzt werden. So haben die S im Laufe der Zeit eine Sammlung an Gebeten, die zum Beispiel im Anfangsritual gesprochen werden können.
Hier wird nun das Gebet von Seite 75 oben eingetragen. Weitere Gebete können von den S ergänzt werden.

Heftgestaltung

Die S schneiden aus grauem Tonpapier eine Gesetzestafel aus. Die Größe der Tafel entspricht einer Heftseite. Sie schreiben das erste Gebot auf die Gesetzestafel. Achtung: Man muss den Kindern zu Beginn der Schreibarbeit sagen, dass noch weitere Gebote auf die Gesetzestafel geschrieben werden, damit sie entsprechend Platz lassen. Die Tafel wird auf die linke Heftseite geklebt. Der Platz, der für ein Gebot zur Verfügung steht, kann auch markiert werden.

Seite 75 Mitte

Vorbereitung

Material:
- Plakate mit Gebetsanlässen

Eingangssituation

Mit den S wird über ihre Erfahrungen mit dem Beten, auch mit der Fürbitte gesprochen. Die L hat Plakate vorbereitet, die sie auslegt. Darauf stehen verschiedene Anlässe für Gebete. In einer Art Schreibkonferenz gehen die S von einem Plakat zum nächsten und schreiben ihnen bekannte Gebete (Gebetssätze) auf, die zu den Gebetsanlässen passen.

Alternative:
Gebete werden zunächst auf Zettel geschrieben und anschließend nach Anlässen sortiert. Die Kinder können natürlich auch Gebete selbst formulieren.
Anlässe sind: Tageszeiten, Tischgebete, Geburtstag, Feste und Feiertage, Tod eines Menschen/Tieres usw.

Ein Plakat ist leer. Es bietet Raum für weitere Anlässe. Die Plakate hängen im Klassenzimmer oder Religionsraum, sodass die Gebete nach Bedarf gesprochen werden können.
Wer keinen Platz zum Aufhängen hat, kann die Gebete auch auf Karteikarten schreiben lassen. In einem Kästchen werden die Gebete aufbewahrt. Sie können stets ergänzt werden.

Erschließung

Die L schreibt das 2. Gebot an die Tafel. Die S äußern sich dazu. Das Wort „missbrauchen" muss vermutlich erläutert werden. Deshalb sollte die Bedeutung an dieser Stelle geklärt werden: Missbrauchen bedeutet, etwas anders zu verwenden als ursprünglich gedacht.

Dazu gehört auch, Gott für Dinge verantwortlich zu machen, die Menschen verschuldet haben (Verkehrsunfälle, Kriege ...). Hier können auch oben genannte Gebetsanlässe aufgenommen werden.
Mit den S werden auch Situationen gesammelt, die sie als schön und gut erleben, und für die Gott „Danke" gesagt werden kann.

Heftgestaltung (Ergebnissicherung)

Auf die Tonpapier-Gesetzestafel schreiben die S das zweite Gebot und lernen es auswendig.
Sie schreiben in ihr Gebetsheft das Vaterunser in Schönschrift und verzieren es. Dieses Gebet lernen sie auswendig.

Seite 76/1

Vorbereitung

Material:
- Arbeitsblatt „Uhr" **(KV 3.15)**

Eingangssituation

Zur Erarbeitung des dritten Gebots erhalten die Kinder ein Arbeitsblatt **(KV 3.15)** mit einer abgebildeten Uhr. Sie tragen darauf ein, was sie in der Familie wann an einem gewöhnlichen Sonntag tun. Anschließend wird darüber gesprochen. Verschiedene Möglichkeiten der Sonntagsgestaltung werden miteinander verglichen.

Erschließung

Gemeinsam finden die S heraus, warum am Sonntag weniger Menschen arbeiten als werktags und weshalb am Sonntag schulfrei ist. Die L schafft den Bezug zur Schöpfungsgeschichte, falls die S nicht allein darauf kommen.
In Partnerarbeit überlegen die Kinder, welche ihrer Sonntagstätigkeiten sie auf jeden Fall beibehalten wollen und wann Zeit für Gott ihren Platz hat/hätte.
In einem Unterrichtsgespräch knüpfen die S an die anfangs besprochene Sonntagsgestaltung in der Familie an. Was finden sie gut? Was hätten sie lieber anders. Warum? Usw.
Hier kann auch auf Bilder und Erzählungen in Kapitel 2 (Sonntagsheilungen Jesu Seite 34 und 35) verwiesen werden.

Heftgestaltung (Ergebnissicherung)

Die Uhr wird ins Heft geklebt. In noch freie Segmente der Uhr können Wünsche der Kinder für eine Sonntagsgestaltung in der Familie eingetragen werden. Außerdem schreiben die Kinder das dritte Gebot auf die Gesetzestafel aus Tonpapier. Ebenso soll – wenn das Gebetsheft geführt wird – das entsprechende Gebet übertragen werden.

Seite 76/2

Vorbereitung

Material:
- Arbeitsblatt „Herzen" **(KV 3.16)**

Eingangssituation

Information für die L:
Das vierte Gebot hat seinen Ursprung in einer Umwelt, in der für alte Familienmitglieder nicht mehr gesorgt wurde. Vor diesem Hintergrund ist das Gebot, seine Eltern zu ehren, sich im Alter um sie zu kümmern, revolutionär. Es richtet sich in erster Linie an erwachsene Kinder. Um das Band zwischen den Generationen zu erhalten, ist die Pflege der Beziehungen von Anfang an wichtig. Deshalb wird dieser Aspekt hier betont.

Zur Erarbeitung des *vierten Gebots* betrachten die Kinder zunächst das Foto auf Seite 76 und vermuten, welche Familienmitglieder abgebildet sind. Kinder verbinden oft andere Konstellationen mit dem Begriff „Familie" als Erwachsene. Es sollte deutlich gemacht werden, dass auch Gruppierungen, bei denen manche Personen fehlen, die auf dem Bild zu sehen sind, „richtige" Familien sind.

Erschließung

Die Kinder überlegen, wie sie anderen Familienmitgliedern eine Freude machen könnten. Dazu erhalten sie das Arbeitsblatt „Herzen" **(KV 3.16)**. Die S ordnen ihren Herzen Familienmitglieder zu und schreiben den entsprechenden Namen darüber. Dann notieren sie in die Herzen, was sie den „Trägern" der Herzen Gutes tun könnten.
Dies kann auch zur Heftgestaltung verwendet werden.

Heftgestaltung/Ergebnissicherung

Wieder soll – wenn das Gebetsheft geführt wird –

das entsprechende Gebet übertragen werden.
Eine zweite Tafel wird aus grauem Tonpapier geschnitten. Darauf notieren die Kinder das vierte Gebot. Die Tafel wird auf die rechte Heftseite geklebt.

Seite 77

Vorbereitung

Material:
- ggf. Lied „Wie ein Fest nach langer Trauer (EG BEL 666)

Information für die L:
In der Freiheit müssen die ehemaligen Sklaven lernen, mit der neu gewonnenen Freiheit umzugehen. Wie jedes Spiel Regeln braucht, muss auch das Miteinander in guter Weise geregelt sein. Das ist der Sinn der folgenden Gebote Gottes.
Alle Menschen sind gleichermaßen Befreite und niemand darf sich auf Kosten des anderen größere Freiheiten nehmen. Vielmehr geht es darum, die Freiheit des anderen nicht zu verletzen.
Die Bilder auf den Seiten 77–79 zeigen solche Verletzungen auf und wollen die S motivieren, selbst von Verletzungen zu erzählen.

Eingangssituation

Im liturgischen Anfangsritual wird das Gebet zum 5. Gebot (Seite 77) von einem Kind oder der L vorgelesen.

Erschließung

1. Unterrichtsschritt
Für die Erarbeitung des fünften Gebots wird die Handmeditation (s. S. 38 oben) wiederholt. Die Kinder überlegen ein Gebot für Mose: „Du sollst nicht ..."
Dann tragen sie zusammen, was Mose stattdessen hätte tun sollen, zum Beispiel reden, sich dazwischen stellen, Frieden schaffen.
Danach überlegen die S, was sie selbst tun könnten, um Gewalt zu verhindern. Das Gebet auf Seite 77 gibt dazu Anregungen.

2. Unterrichtsschritt
Wenn die Kinder zum 6. Gebot von eigenen Erlebnissen mit Eltern erzählen möchten, sollte ihnen dazu Raum gegeben werden. Die Kinder suchen nach Gründen für Trennung, Streit und Hass.
Als Lied bietet sich an „Wie ein Fest nach langer Trauer" (EG BEL 666).

Heftgestaltung (Ergebnissicherung)

Die beiden Gebote werden auf der zweiten Gesetzestafel notiert.
Als weitere Gestaltungsarbeit könnten die Kinder bei eigener Betroffenheit von Scheidung der Eltern auf ihrem Blatt mit den Herzen (siehe viertes Gebot) ein Herz mit einem Stift zweiteilen.

Seite 78/1

Vorbereitung

Material:
- Kopiervorlage „Dieb" **(KV 3.17)**

Information für die L:
In der Wüste gibt es Regeln, die heilig sind und nicht gebrochen werden dürfen. So sind die Weide- und Brunnenbenutzungen festgelegt. Das Leben der Hirten ist unantastbar. So können schöne junge Mädchen weit ab von den Zelten ihre Tiere weiden, ohne Angst, belästigt zu werden (s.a. 6. Gebot). Eigentumsdelikte werden mit Stammesausschluss bestraft. Eine furchtbare Strafe.
Auch die Gastfreundschaft und die Gewährung des Asyls gehören zu diesen guten Regeln.
In der Sklaverei gab es nur das Gesetz der Herren, der Aufseher, des Pharaos. Jetzt in der Freiheit gilt es, das Gebot der Nächstenliebe buchstabieren zu lernen.

Eingangssituation

Als Einstieg in das siebte Gebot tragen die Kinder im Gesprächskreis zusammen, was ihnen zum Stichwort „stehlen" einfällt.
Leider ist Diebstahl auch unter Kindern weit verbreitet, sodass es kaum an Beispielen mangeln wird. Immer wieder kommt es vor, dass Kinder im Kaufhaus oder Supermarkt etwas „mitgehen lassen", weil sie es sich nicht leisten können oder eine Mutprobe bestehen wollen. Auch im Klassenzimmer kommt hin und wieder ein Gegenstand weg, weil ein Kind diesen absichtlich in seinen Schulranzen packt.
Zum Lernprozess gehört die Einsicht, dass es Unterschiede zwischen Mein und Dein gibt, dass mir nicht alles gehört, was ich sehe oder gerne hätte.

Erschließung

Als Impuls hängt die Lehrkraft das Bild eines Diebes **(KV 3.17)** an die Tafel (Kennzeichen: Schirmmütze, Schlüsselbund, Augenbinde, Sack). Im Ge-

spräch sollte deutlich werden, dass diese Klischees für Diebe nicht zutreffen, sondern auch Menschen wie du und ich als Diebe ertappt werden können. Der Sinn dieses Gebots sollte den S ebenfalls vermittelt werden: Diebstahl schafft Misstrauen unter Menschen. Auch die „Robin-Hood-Problematik" sollte angesprochen werden: Wird das Gebot übertreten, wenn Menschen anderen etwas wegnehmen und es den Armen geben?
Das Mädchen im Schülerbuch Seite 78 wird betrachtet. Die Kinder überlegen, was mit dem Mädchen los sein könnte. Hat sie einen Diebstahl begangen? Wurde sie selbst bestohlen? Beide Möglichkeiten werden besprochen und Lösungen gesucht.

Heftgestaltung (Ergebnissicherung)

Das siebte Gebot wird auf die Tonpapier-Gesetzestafel im Heft notiert.

Seite 78/2

Vorbereitung

Material:
- Lied „Das kleine Wort" **(KV 3.18)**
- Text „Kleine schwarze Federn" **(KV 3.19)**

Eingangssituation

Die L liest das Lied „Das kleine Wort" **(KV 3.18)** vor oder singt es mit den S. Mit den S wird nach passenden Wörtern gesucht. Anschließend wird das Spiel „Stille Post" gespielt. Lied und Spiel werden in einem Unterrichtsgespräch in Zusammenhang gebracht.

Erschließung

Die L erzählt die Geschichte „Kleine schwarze Federn" **(KV 3.19)**.
Die Geschichte wird mit den S besprochen.

Alternative:
Das Bild im Buch gibt Anlass zu vermuten, worüber sich die Mädchen unterhalten, während der Junge traurig daneben steht.

Gemeinsam wird das 8. Gebot gelesen: Die S äußern sich dazu.
Hinweis: Hier geht es weniger um die Unwahrheit im Allgemeinen als vielmehr um die Falschaussage, das böse Gerücht, das schlechte Reden über einen anderen.

Ergebnissicherung

Die S notieren auf einem Notizzettel, über wen sie schon einmal schlecht geredet haben. Anschließend wird der Zettel zerrissen oder in einer Schale oder einem Eimer verbrannt. Die Kinder überlegen sich Möglichkeiten der Wiedergutmachung. Diese können sehr einfach gehalten sein.

Heftgestaltung

Das achte Gebot wird auf die Gesetzestafel im Heft geschrieben.

Seite 79

Vorbereitung

Material:
- Brille aus gelbem Tonkarton
- Arbeitsblatt „Brille" **(KV 3.20)**

Einstiegssituation

Die Brille aus gelbem Tonkarton signalisiert Neid. Wer sie aufsetzt, schaut neidisch auf den Besitz anderer. Die S dürfen sich die Brille aufsetzen und erzählen, was sie vom Besitz anderer gerne haben möchten.

Erschließung

Im Unterrichtsgespräch wird erarbeitet, was Neid anrichten kann. Eventuell kann die Geschichte von Kain und Abel dazu erzählt (wiederholt) werden.
Das Bild im Buch wird betrachtet. Welche Situation ist hier dargestellt? Die Kinder erzählen von ähnlichen Situationen, die sie erlebt haben.

Ergebnissicherung

Als Gemeinschaftsarbeit beschriften die S die große Brille aus Tonpapier. Sie notieren darauf, worauf sie neidisch sind. Die Brille wird anschließend auf ein Plakat geklebt, auf dem die Gebote neun und zehn zu lesen sind, und im Zimmer aufgehängt.

Heftgestaltung

Die beiden letzten Gebote werden auf die Tonpapiertafel im Heft geschrieben. Die S erhalten ein

Arbeitsblatt, auf dem eine Brille abgebildet ist **(KV 3.20)**. Diese wird gelb angemalt und ausgeschnitten. Auf das Gestell der Brille schreiben die S, worauf sie neidisch sind. An einem Bügel wird die Brille ins Heft geklebt. Unter die „Gläser" der Brille schreiben die Kinder ein Dankgebet: Danke Gott für ... oder den Satz: Dankbarkeit hilft gegen Neid. Die „Gläser" können ausgeschnitten werden.

Seite 80/81

Vorbereitung

- Lied „Du bist du" **(KV 3.21)**
- Auf roten Tonkarton (DIN A3) ein Herz malen. In das Herz das Liebesgebot schreiben und in Puzzleteile zerschneiden
- Kopiervorlage „Doppelherz" **(KV 3.22)**

Eingangssituation

Im Anfangsritual wird das Lied „Du bist du" **(KV 3.21)** gesungen.
Anschließend teilt die L die Herz-Puzzleteile aus. Sie werden von den S zusammengesetzt. Die Kinder lernen das Gebot auswendig. Dazu dreht die L sukzessiv die Teile des Herzens um, während die Kinder das Gebot immer wieder wiederholen und die umgedrehten Satzteile ergänzen müssen.

Erschließung

1. Unterrichtsschritt
Im Neuen Testament finden wir die Geschichte vom barmherzigen Samariter eingebettet in dieses Gebot. Die L erzählt diese Geschichte.

2. Unterrichtsschritt
Das Bild auf Seite 81 im Schülerbuch zeigt ein Gemälde Rembrandts, welches das Gleichnis vom barmherzigen Samariter illustriert. Die Kinder betrachten das Bild und besprechen es. Mit Hinweis auf Seite 38 im Schülerbuch wird der Zusammenhang des Gebotes mit der Geschichte besprochen. Das Lied dort kann wiederholend gesungen werden (vgl. auch die Anregungen zu Kapitel 2, Seite 38/39).

Information für die L:
Rembrandt (1606–1669) malt alle seine Figuren sehr realistisch. Er will die raue Wirklichkeit zeigen. Der Verletzte wird mit vereinter Hilfe des Knechtes und des Jungen, der Kleidung nach der Sohn des Wirts, in die Taverne gebracht. Das Mädchen schöpft Wasser im Brunnen. Der Samaritaner verhandelt mit dem Wirt, der eine zustimmende Haltung zeigt. Die Frau am Fenster zeigt Mitleid. Das Bild stammt aus dem Jahr 1633.

3. Unterrichtsschritt
Die S spielen die Geschichte vom barmherzigen Samariter nach. (Hilfreich ist hier das Lied „Ein Mann ging von Jerusalem", Seite 38/39. Die Kinder können auch selbst Texte erfinden.)

Ergebnissicherung

Die L erzählt die Rahmengeschichte des Gleichnisses (Lk 10,25-29 und 36-37). Das Gebot der Liebe wird mehrmals gelesen und gemeinsam gesprochen.

Heftgestaltung

Die Kinder schreiben das Gebot der Liebe auf ein rotes „Doppelherz" **(KV 3.22)**, das in der Mitte gefaltet ist, sodass es aufklappbar ist, und kleben es ins Heft.
Überschrift: Das Gebot der Liebe.

Seite 82/83

Vorbereitung

Material:
- Wüstenbilder (Poster oder Bild aus Reisekatalog)
- Karteikarten
- Karte von Israel
- Grauer Tonkarton

Eingangssituation

Die Kinder bilden Gruppen. Jeder Gruppe wird ein Wüstenbild ausgeteilt. Nachdem die Kinder es betrachtet haben, fordert die L sie auf, die Augen zu schließen. Sie gibt Impulse zu einer Fantasiereise: „Es ist heiß. Die Sonne brennt herab. Überall nur Sand und Steine. Hin und wieder ein Busch, der aber kaum Schatten gibt. Wir gehen weiter. Immer wieder müssen wir anhalten, damit wir ein wenig Wasser trinken können. Wir sind müde. Aber wir müssen weiter ..."

Erschließung

Auf freien Raum des Wüstenbildes schreiben die Kinder, was ihnen zu dem Wort „Wüste" einfällt. Die Notizen werden zusammengetragen. Dann

erzählt die L von Mose, der das verheißene Land sehen darf, bevor er stirbt. Josua, sein Nachfolger, erhält ermutigende Zusagen Gottes. Diese können von den Kindern auf Karteikarten notiert werden und auch ihnen als Ermutigung dienen.
Beispiele: Josua 1,9; Jes 43,1; Jes 42,1; Jes 41,10; Jer 1,8 ...

Die L zeigt eine Karte von Israel und bespricht markante Orte: Totes Meer, Jordan, See Genezareth, Jerusalem, Bethlehem, Nazareth.

Ergebnissicherung

Die Bilder im Buch werden betrachtet und in das Gespräch aufgenommen.
Sie zeigen: Steppenlandschaft mit Karawane, den Moseberg, Oasen und ihre Bewohner sowie den Tempelberg in Jerusalem.

Heftgestaltung

Die Kinder schneiden aus grauem Tonpapier einen Berg aus, kleben ihn ins Heft (quer) und malen Mose auf den Berg. Daneben malen sie das verheißene Land nach ihren Vorstellungen.
Überschrift: Das verheißene Land.

4 Miteinander den Glauben feiern (Seite 84–99)

Theologische Vorüberlegungen

„Es wird auch gelehrt, dass allezeit eine heilige, christliche Kirche sein und bleiben muss, die die Versammlung aller Gläubigen ist, bei denen das Evangelium rein gepredigt und die heiligen Sakramente laut dem Evangelium gereicht werden. Denn das genügt zur wahren Einheit der christlichen Kirche, dass das Evangelium einträchtig im reinen Verständnis gepredigt und die Sakramente dem göttlichen Wort gemäß gereicht werden ...“
Aus Artikel 7 des Augsburger Bekenntnisses

In diesem Kapitel geht es um die praktische Ausgestaltung des christlichen Glaubens. Dies geschieht in der Bestärkung des Glaubens in der Gemeinschaft, so besonders im sonntäglichen Gottesdienst – in welcher Form auch immer –, in dem die biblische Verkündigung im Mittelpunkt steht („... das Evangelium rein gepredigt ...“). Taufe und Abendmahl sind nach evangelischem Verständnis die Sakramente, die biblisch begründet und eingesetzt sind. Es sind sichtbare Zeichen, „unter denen unsichtbare Gnaden und Güter dargereicht und gegeben werden.“[1]

In der Taufe erfahren Kinder und ihre Eltern die Annahme durch Gott ohne Vorbedingungen, weshalb auch schon Kleinkinder getauft werden. Mit der Religionsmündigkeit (14 Jahre) vollziehen die Jugendlichen das Ja der Eltern und Paten durch ein eigenes Bekenntnis nach. So findet die Taufe im Ja der Täuflinge bei der Konfirmation ihren Abschluss. Nicht dass Gott dies zur Bedingung seiner Zuwendung macht, aber es ist nicht nur biblische Erfahrung, dass eine Zuwendung, die nicht angenommen wird – aus welchem Grund auch immer –, nicht als solche erfahren werden kann. Wer nicht ja zur Taufe, d.h. zu Gott, sagen kann, weiß dann auch nicht, an wen er sich in Freude und Leid, in Tiefen und Höhen des Lebens wenden kann.

Im Abendmahl, dem zweiten Sakrament der evangelischen Kirche, versichern sich Christen immer wieder der Gegenwart Jesu Christi. Konkret erhalten sie im Teilen von Brot und Wein (oder Traubensaft) Zeichen der Gemeinschaft und Stärkung. Die Gegenwart Christi in ihrem Leben bedeutet: Verfehltes Leben kann/darf korrigiert werden, Altlasten werden abgenommen, vergeben, Neuanfang ist möglich. So ist die Gemeinschaft des Abendmahls eine fröhliche Gemeinschaft, erleichtert und voll Zuversicht in die Zukunft blickend. Die Bedeutung der Gemeinschaft bei Brot und Wein kann den S auch mit Erfahrungen aus ihrer Lebenswelt nahegebracht werden. Fröhliche Essen bei Kindergeburtstagen sind ebenso Gemeinschaftserlebnisse wie die heute manchmal schon zu besonderen Höhepunkten werdenden gemeinsamen Mahlzeiten in der Familie. Das Brot als Pfand knüpft ebenfalls an Erfahrungen an: Ein Pfand steht für einen Wert, ein Pfand kann ich einlösen. Brot und Wein stehen auch als Pfand für Gottes Treue und Zuwendung zu uns Menschen.

Immer wieder wird in evangelischen Kreisen übersehen, dass der Glaube solche gemeinschaftliche Stärkung braucht und sich nicht in individueller Gläubigkeit verlieren darf. Sicher: Der und die Einzelne sind auch sehr persönlich gefragt, aber Kraft und Zuversicht schöpfen sie nicht nur im „stillen Kämmerlein“ (Mt 6,6), sondern auch aus und in der Gemeinschaft der Glaubenden.

Die Feste im Kirchenjahr sind schließlich ein Gerüst, um gottesdienstlich und in der Zeitgestaltung Hauptthemen des Glaubens zu erinnern und zu feiern.
Advent und *Weihnachten* (oder besser Christfest) erinnern mit ihren bildhaften eindrücklichen Erzählungen an die Menschwerdung Gottes in Jesus Christus, in der deutlich wird, wie menschlich nahe Gott uns kommen will.
Passion und *Ostern* verdeutlichen den Weg Jesu durch Leid und Schuld hindurch zu neuem, von Gott geschenktem Leben.
Pfingsten schließlich thematisiert die Gemeinschaft, von der schon oben die Rede war. Weitere vertiefende Informationen kann man auch im Evangelischen Erwachsenenkatechismus finden.
Das *Reformationsfest* schließlich erinnert an die Entstehung der evangelischen Kirche. Mit ihr hat sich auch die katholische Kirche zwangsläufig verändert, denn das Anliegen Martin Luthers und vieler Reformatoren mit ihm hat die katholische Kirche infrage gestellt und ihre Entwicklung bis heute geprägt. Was wollten Luther und seine Mitstreiter? Am wenigsten eine neue Kirche. Sie wollten, dass sich die Kirche zuerst am Evangelium orientiert, immer wieder nach dem Anliegen der Bibel fragt und des in ihr bezeugten Glaubens an

[1] Katechismus für die Evangelische Landeskirche in Baden, Hans Thoma Verlag 2003

Jesus Christus, den Gekreuzigten und Auferstandenen. Weniger die Form als der Inhalt sind entscheidend. Und Luther traut seinen Zeitgenossen etwas zu, was bis dahin nicht einmal Priestern von ihrer Kirche zugetraut wurde, dass sie die Bibel lesen und im gemeinsamen Nachdenken darüber auch verstehen können.

Die vielfältigen Gemeindeaktivitäten haben letztlich nichts anderes zum Inhalt, als die gute Nachricht von Jesus Christus weiterzugeben – in Wort und Tat, in vielfältiger Form.
Schließlich soll auch auf Vorbilder des Glaubens verwiesen werden. Von ihnen zu erzählen und dies mit einfachen biblischen Erzählungen zu verknüpfen, ist für Kinder spannend und hilfreich. Neben den im Buch genannten gibt es sicher auch noch andere wie Elisabeth von Thüringen, über die es aber inzwischen so viel Material gibt, dass wir sie nicht mehr eigens aufgeführt haben. An solchen Menschen kann auch ein Stück christlicher Ethik ohne falschen moralischen Zeigefinger aufgezeigt und eingeübt werden.
Schließlich darf nicht nur im Blick auf die christliche Auferstehungshoffnung das Thema Tod nicht ausgeblendet werden. Dabei ist zentral, dass alle neutestamentlichen Aussagen trotz ihrer Verschiedenheit dies gemeinsam haben: dass ein Leben nach dem Tod ein neues Leben ist, ein Leben mit Gott und Jesus Christus. Dass diese Beziehung hält und ich wenigstens einen kenne, wenn ich gestorben bin, nämlich Jesus Christus, das ist auch für viele sterbenskranke Kinder ein Trost, den sie mit großem Ernst auch ihren Eltern mitgeben können.

Leitgedanken

- Den S wird vermittelt, dass sich in der Kirche Menschen treffen, um miteinander zu singen, zu beten und Gottes Wort zu hören.
- Die Kinder lernen, dem Geschehen im Raum der Kirche mit Achtsamkeit zu begegnen.
- Sie werden vertraut gemacht mit den großen Festen im Kirchenjahr und deren Bedeutung.
- Sie können an Feiern und Ritualen mit Verständnis und Achtung teilnehmen und sie teilweise mitgestalten.
- Sie wissen, dass die Bibel für Christinnen und Christen die Heilige Schrift ist, aus der in jedem Gottesdienst vorgelesen wird.
- Sie kennen die Kirche am Ort und einzelne Gemeindeglieder mit ihren besonderen Aufgaben.
- Sie wissen, welche Bedeutung Taufe und Abendmahl für Christen haben.
- Sie kennen Erzählungen von Menschen, die in besonderer Weise ihren Glauben gelebt haben, und werden ermutigt, wie diese Jesus Christus zu vertrauen und nach seinem Vorbild zu handeln.

Didaktisch-methodische Anregungen

Wenn das Anfangsritual des Religionsunterrichts bereits liturgische Züge trägt, kann es in dieser Einheit ausgebaut werden. Die drei Abschnitte des Gottesdienstes (Eröffnung und Anrufung, Verkündigung und Bekenntnis, Sendung und Segen) können in dieser Zeit die Religionsstunden prägen. Als begleitende Lieder sollten Lieder aus dem Evangelischen Gesangbuch gewählt werden.
Vorschläge:

Ausgang und Eingang	EG 175
Lobet den Herren	EG 447
Vom Aufgang der Sonne	EG 456
Meinem Gott gehört die Welt	EG 408

Psalmen können im Wechsel gesprochen werden. Im Anhang des Gesangbuches finden sich verschiedene Gebete, manche Gesangbücher weisen solche auch im Liedteil auf. In dieser Einheit können die Kinder auch in den Gebrauch des Gesangbuches eingeführt werden.
Wünschenswert wäre, Teile dieser Einheit in einer Kirche, einem Gottesdienstort, durchzuführen. Es ist jedoch auch sinnvoll, im Klassenzimmer eine Andacht zu feiern, um so zu verdeutlichen, dass gottesdienstliches Feiern auch außerhalb des Kirchenraums möglich ist.

Ein mögliches Eingangsritual
Lied
Psalm im Wechsel, z.B. Psalm 23 auswendig oder Psalm 145
Inhaltlicher Impuls: Die L bringt einen Gegenstand mit, der an etwas erinnert (eine Blume, ein Stein o.Ä.), erzählt etwas dazu und fordert die S auf, eigene Erlebnisse einzubringen. Wer spricht, hält den Gegenstand in der Hand. Möglich ist es, sich vorher zu verständigen, dass maximal drei S zu Wort kommen. Alternativ kann auch die Frage danach gestellt werden, ob jemanden heute etwas besonders bewegt …
Gebet (zeitweise auch das Vaterunser, das aus Klasse 1/2 bekannt sein sollte)
Lied

Seite 84/85

Vorbereitung

- Karteikarten (DIN A5/A6)
- Vorlage „Umriss Kirche" **(KV 4.1)**
- Gemeindebriefe
- Tücher in liturgischen Farben (rot, weiß, violett, grün, schwarz)

Eingangssituation

Die S sitzen im Stuhlkreis. In der Mitte hat die L eine Kerze und eine Bibel auf ein Tuch gelegt. Das Tuch trägt die liturgisch passende Farbe zum Kirchenjahr (Adventszeit violett, Christfest bis Epiphanias weiß, anschließend bis Beginn der Passionszeit grün, Passionszeit – ab Sonntag nach Aschermittwoch – violett, Gründonnerstag weiß, Karfreitag schwarz, Ostern bis Sonntag vor Pfingsten weiß, Pfingsten rot, Trinitatis weiß, bis Reformationsfest grün, Reformationsfest rot, bis Advent grün, Ausnahme: Buß- und Bettag: violett). Nach dem Eingangsritual (s. S. 53) lässt die L zusammentragen, welche Elemente die S in dem Ritual entdeckt haben. Im Gespräch mit den S wird entwickelt, dass viele Elemente des Eingangsrituals auch in einem Gottesdienst vorkommen.

Erschließung

1. Unterrichtsschritt
Auf eine Karteikarte hat die L das Wort „Gottesdienst" geschrieben. Die S schreiben auf weitere Kärtchen, was ihrer Meinung nach alles zu einem Gottesdienst gehört. Anschließend werden die Kärtchen sortiert, um einen möglichen Gottesdienstablauf sichtbar zu machen.

2. Unterrichtsschritt
Die S lesen den Text aus der Apostelgeschichte auf Seite 85. Sie erfahren, wie unter den ersten Christen Gottesdienst gefeiert wurde. Sie schreiben die Elemente der damaligen Gottesdienste auf Kärtchen und vergleichen sie mit heutigen Gottesdienstabläufen. Dabei fällt besonders auf, dass heute meist nur am Sonntag Gottesdienst gefeiert wird, damals jedoch täglich.

3. Unterrichtsschritt
Für eine Partnerarbeit erhalten die S einen aktuellen Gemeindebrief und das Arbeitsblatt „Umriss Kirche" **(KV 4.1)**. Sie schreiben in den Umriss, welche Gottesdienste im Kirchengebäude stattfinden, und *außerhalb des Umrisses* Veranstaltungen, die nicht in der Kirche stattfinden.
Die Ergebnisse werden zusammengetragen. Anschließend wählt sich jedes Kind eine Gemeindeveranstaltung aus, über die es sich genauer informieren möchte. Die S, die dieselbe Veranstaltung gewählt haben, finden sich in Gruppen zusammen. Bis zu einem vereinbarten Zeitpunkt erkundigen sie sich näher über diese Veranstaltung: Sie interviewen Menschen oder besuchen die Veranstaltung und berichten anschließend über ihre Erfahrungen.

Ergebnissicherung

Die S betrachten die beiden Bilder auf Seite 85 und äußern ihre Vermutungen, welche Gemeindeveranstaltung abgebildet sein könnte. Sie wiederholen ihre Kenntnisse über die Einrichtung des Kirchenraums und gottesdienstliche Elemente.

Heftgestaltung

Die S notieren sich einen Gottesdienstablauf: Eröffnung, Verkündigung, (Abendmahl und) Segen und zu jedem Teil einzelne Elemente (Lied, Gebet, Predigt usw.).
Überschrift: Gottesdienstablauf

Seite 86

Vorbereitung

- Namensschild für jedes Kind
- Eine Taufkerze

Eingangssituation

Die L hat für das Anfangsritual die Namensschilder der Kinder und eine Taufkerze statt der sonst üblichen Kerze aufgestellt.
Die S betrachten die Kerze. Manche S erkennen vielleicht Symbole auf der Taufkerze; wer schon eine Taufe miterlebt hat, kann vielleicht etwas dazu erzählen. Die L erzählt, dass das Bibelwort „Fürchte dich nicht, denn ich habe dich erlöst; ich habe dich bei deinem Namen gerufen, du bist mein." (Jes 43,1) bei vielen Taufen den Kindern zugesprochen wird. Sie ermutigt die Kinder, die Zusage Gottes aufzunehmen und ihr Namensschild vorzulesen.
Sie nehmen ihr Namensschild und sagen: „Gott hat mich, (NAME), bei meinem Namen gerufen." Kinder, die noch nicht getauft sind, können ebenfalls diesen Satz sprechen. Auch ihnen gilt die Zusage Gottes.

Erschließung

1. Unterrichtsschritt

Gemeinsam betrachten die S das Bild links unten auf der Seite 86 und erzählen von Taufen, die sie miterlebt haben, eventuell auch von der eigenen Taufe. Im Unterrichtsgespräch erfahren die Kinder, warum Christen taufen: Die L liest den Taufbefehl Jesu (Mt 28,16-20) vor.

Sie erzählt die Geschichte von der Kindersegnung Jesu.

Arbeitsauftrag: Zur nächsten Unterrichtssequenz bringen die bereits getauften Kinder ihren Taufspruch, ihre Taufkerze, ihr Taufkleid, Bilder oder ein anderes Erinnerungszeichen an ihre Taufe mit und stellen sie den anderen Kindern vor.

2. Unterrichtsschritt

Die S beschreiben das rechte untere Bild auf Seite 86. Sie erkennen die Segensgeste und vermuten, zu welchem Anlass die Pfarrerin die Jugendlichen segnet. Kinder, die bei einer Konfirmation schon dabei waren, können davon erzählen. Der Text wird dazu gelesen.

Alternative:

Wenn es möglich ist, sollte zusätzlich das Thema „Taufe" in der Kirche rund um den Taufstein durchgeführt werden. Auf einem Lerngang wird in einer Kirche der Taufstein betrachtet.

In der katholischen Kirche sollte das Weihwasserbecken gezeigt und seine Bedeutung erklärt werden: Das geweihte Wasser soll die Gläubigen an die Taufe erinnern.

Die L weist die Kinder darauf hin, dass in katholischen Kirchen der Taufstein häufig am Eingang steht, während er in der evangelischen Kirche meist in der Nähe des Altars zu finden ist. Sie erzählt von Taufen zu früherer Zeit, als die Kinder noch ganz untergetaucht wurden, wie dies heute noch in der orthodoxen Kirche üblich ist.

Um den Taufstein kann bei genügend Platz ein israelischer Mayim-Tanz (= Wasser-Tanz) getanzt werden. Als einfache Schrittfolge kann dieser Bewegungsablauf eingeübt werden:

- Kreisaufstellung, Handfassung
- Rechter Fuß vor linkem Fuß über Kreuz
- Linker Fuß zur Seite, rechter Fuß hinter linkem über Kreuz
- Linker Fuß zur Seite

Dazu kann das Lied „Mayim" eingespielt werden (CD: Jochen Rieger: Happy birthday Israel. Gerth Medien).

Heftgestaltung (Ergebnissicherung)

Die S malen einen Taufstein/den Taufstein der Ortskirche in ihr Heft. Eventuell können sie ihren Taufspruch dazuschreiben oder ein Foto von ihrer Taufe aufkleben.

Überschrift: Meine Taufe

Darunter schreiben sie:

Gott spricht: „Fürchte dich nicht, denn ich habe dich erlöst. Ich habe dich bei deinem Namen gerufen, du bist mein." (Jes 43,1)

Seite 87

Vorbereitung

- Kelch, Brotkorb
- Kleine Zettel

Eingangssituation

Wenn diese Sequenz in der Kirche stattfindet, versammeln sich die Kinder um den Altar. Die L hat den Kelch/Einzelkelch und einen Brotkorb aufgestellt. Die S erzählen von Abendmahlsfeiern, an denen sie selbst oder andere teilgenommen haben. Hilfreich ist es, wenn dazu der/die Ortspfarrer/-in hinzugezogen wird.

Findet die Sequenz im Klassenzimmer statt, treffen sich alle im Stuhlkreis. Die L stellt auf ein Tuch einen Kelch und einen Brotkorb.

Erschließung

1. Unterrichtsschritt

Die L erzählt die Geschichte vom letzten Passahmahl Jesu mit seinen Jüngern oder lässt sie die Kinder wiederholen.

2. Unterrichtsschritt

Die S lesen die Einsetzungsworte auf Seite 87. Sie betrachten die Bilder und stellen den Zusammenhang zu den Einsetzungsworten her.

3. Unterrichtsschritt

Die L erzählt von der Möglichkeit der Beichte und von der Chance, im Abendmahl ein sichtbares Zeichen zu erhalten, dass Gott den Menschen vergibt, wenn sie Böses getan haben und dies auch einsehen. Sie dürfen also immer wieder neu beginnen. Gott hilft dabei.

Findet die Sequenz im Klassenzimmer statt,

schreibt die L das Wort „Vergebung" an die Tafel und lässt es die S erklären. Als Erläuterung kann sie z.B. das Gleichnis vom Schalksknecht (Mt 18,21-35) erzählen, in dem die Notwendigkeit der Vergebung betont wird.

Ergebnissicherung

Die S schreiben auf kleine Zettel, wann sie schon einmal Böses getan haben. Diese Zettel werden zerknüllt und zu einem Kreuz gelegt. Die L legt ein Kärtchen dazu, auf dem steht: „Für all das ist Jesus gestorben." Anschließend werden die Zettel in kleine Schnipsel zerrissen und entsorgt. Zum Abschluss singen die S gemeinsam ein Lied (z.B. aus dem Eingangsritual).

Heftgestaltung

Die S malen einen Altar in ihr Heft, eventuell den der Ortskirche. Darauf malen sie einen Kelch und ein Brot. Über den Altar zeichnen sie eine Sprechblase, in die sie eine Zusammenfassung der Einsetzungsworte schreiben.
Zum Beispiel:
„Brot des Lebens" *oder* „Im Brot schenkt uns Jesus neue Lebenskraft."
„Kelch des Heils" *oder* „Im Wein zeigt Jesus, dass er für uns mit seinem Leben eintritt." Oder: „Im Wein zeigt Jesus, dass er uns vergibt."
Hinweis: Das Abendmahl kann nicht gespielt werden. Deshalb werden Kelch und Brot nur symbolisch verwendet.

Seite 88/89

Vorbereitung

- Wortkarten mit den Namen der Feste (Seite 88)
- Wortkarten mit Monatsnamen
- Folienstücke (5 x 5 cm) für den Tageslichtprojektor
- Arbeitsblatt „Symbole der christlichen Feste" **(KV 4.2)**

Eingangssituation

Die L verteilt die vorbereiteten Wortkarten mit den Namen der Feste auf dem Boden. Dazu legt sie die Karten mit den Monatsnamen. Die S sortieren die Monatsnamen (Jan.–Dez.) und legen dann die Karten mit den Festen zu den passenden Monaten. Dabei wird z.B. erläutert, dass das Kirchenjahr nicht im Januar beginnt, sondern bereits Ende November oder Anfang Dezember. Auch ist Ostern nicht immer im gleichen Monat. Den S wird erklärt, dass Ostern nicht auf einem festen Datum wie Heiligabend und Weihnachten liegt, sondern immer auf den ersten Sonntag nach Vollmond im Frühling fällt, d.h. nach der Tag- und Nachtgleiche (20./21. März).

Erschließung

1. Unterrichtsschritt
In Gruppen erhalten die S eine Karte, auf der ein Fest des Kirchenjahres steht, und suchen dazu im Buch auf Seite 88 die Bedeutung. Weitere Feste und ihre Bedeutungen können je nach Anzahl der Schüler ergänzt werden. Beispiele: Reformationsfest (vgl. Seite 90/91), Buß- und Bettag, Ewigkeitssonntag.
Die S stellen sich die Bedeutungen der Feste gegenseitig vor.

2. Unterrichtsschritt
Die S sprechen über die Bilder auf Seite 88/89 und ordnen sie den Kirchenjahresfesten zu. Anschließend suchen sie weitere Symbole für das Fest, das sie den anderen vorgestellt haben. Sie zeichnen diese in einheitlicher Größe (Maße vorgeben!) auf Folienstücke von ca. 5 cm x 5 cm und lassen die anderen S am Tageslichtprojektor raten, welches Fest gemeint ist.

Heftgestaltung (Ergebnissicherung)

Die L kopiert die Fest-Symbole, die die Kinder erarbeitet haben, für alle auf ein Arbeitsblatt und verteilt es. Diese schneiden die Symbole aus und ordnen sie in der richtigen Reihenfolge im Kreis an. Sie schreiben die Kirchenjahresfeste dazu.

Alternative:
Die L hat ein Arbeitsblatt mit Symbolen zu den Festen vorbereitet **(KV 4.2)**.

In der folgenden Unterrichtssequenz wird die Reihenfolge der Kirchenjahresfeste wiederholt, indem die L die gemalten Symbole der S vergrößert kopiert und diese von den S im Kreis auf dem Boden anordnen lässt.

Seite 90/91

Vorbereitung

- Wortkarte „Reformationsfest"
- Bildergeschichte „Ablasshandel" **(KV 4.3a/b)** auf Folie
- Umrisszeichnung: Vater **(KV 4.4)**

Eingangssituation

Arbeitsauftrag:
Die S bekommen für diese Stunde im Vorfeld den Auftrag, im Internet oder in Lexika (z.B. der Schülerbücherei) über Martin Luther zu forschen und die Ergebnisse mitzubringen.
Die L wiederholt anhand der Wortkarten noch einmal die Reihenfolge der Kirchenjahresfeste (siehe Seite 56). Dabei ergänzt sie die Karte mit der Aufschrift „Reformationsfest". Sie lässt die S vermuten, an welcher Stelle im Kirchenjahreskreis dieses seinen Platz hat.

Erschließung

1. Unterrichtsschritt
Die S betrachten das Bild von Martin Luther (Seite 91).
Anschließend werden sie in mehrere Gruppen aufgeteilt, die sich mit den einzelnen Lebensabschnitten Luthers (s. Seite 91) beschäftigen. Zu diesem Lebensabschnitt gestalten sie ein Plakat mit den Bildern und Texten, die sie im Internet gefunden haben.

2. Unterrichtsschritt
Die L zeigt das Bild eines Ablassbriefes, falls die Kinder während ihrer Recherchen noch nicht darauf gestoßen sind. Sie erzählt anhand einer Bildergeschichte **(KV 4.3)** am OHP, welche Rolle der Ablass für die damaligen Menschen spielte. Das letzte Bild (Fragezeichen) lädt dazu ein, die Geschichte weiterzuerzählen oder in Gruppen als Rollenspiel weiterspielen zu lassen.

3. Unterrichtsschritt
Anschließend wird die Geschichte vom gütigen Vater (siehe Seite 40/41) wiederholt.
Einleitend dazu weist die L nochmals auf die Frage Luthers nach einem liebenden Gott hin. Luthers Problem und Frage war: Kann, ja darf man sich die Liebe Gottes erkaufen? Die Geschichte gibt dazu eine Antwort.
Die S betrachten und beschreiben das Bild auf Seite 90. Sie erzählen die Geschichte nach.
Im anschließenden Gespräch versuchen sie, Luthers Frage anhand der Geschichte zu beantworten. *(Was muss ich tun, damit Gott mich liebt? Er liebt mich, wie ich bin. Ich merke es allerdings nur, wenn ich zu ihm komme. Ich muss dazu nichts Besonderes leisten.)*

Heftgestaltung (Ergebnissicherung)

Die S erhalten eine Umrisszeichnung **(KV 4.4)** des Vaters und malen sich selbst an die Stelle des Sohnes. Dazu schreiben sie: Gott liebt und verzeiht uns.

Seite 92/93

Vorbereitung

Material:
- Gemeindebriefe
- Karteikarten (DIN A6/A5)

Eingangssituation

Die L bringt Gemeindebriefe der örtlichen Kirchengemeinde mit und lässt die S Gemeindeveranstaltungen suchen und auf Karteikarten herausschreiben.

Erschließung

Die Zettel werden nach Gemeindegruppen oder nach Terminen sortiert.
Die Pinnwand auf den Seiten 92/93 wird betrachtet. Die S finden dort noch weitere Veranstaltungen, die in Kirchengemeinden durchgeführt werden. Sie ergänzen diese auf Karteikarten und sortieren sie zu den anderen. Anschließend wählen sie eine Veranstaltung aus, die sie in der nächsten Zeit besuchen möchten oder deren Teilnehmer sie besuchen möchten, um sich darüber zu informieren. In Partnerarbeit überlegen die S Fragen, die sie an Mitarbeitende der Kirchengemeinde stellen möchten und notieren sich diese.
Wenn die Veranstaltungen schon bei der Erarbeitung der Seiten 84/85 ausgewählt wurden, bringen die S an dieser Stelle ihre Ergebnisse ein.
Es kann auch eine Person der Kirchengemeinde (Pfarrer, Jungscharleiter, Chorleiter ...) in die Klasse eingeladen werden, die dann von allen S befragt wird.

Ergebnissicherung

In der nächsten Stunde berichten die S von ihren Erkundungen. Sie gestalten eine eigene Pinnwand

fürs Klassenzimmer, auf der sie die Zettel mit Hinweisen für Veranstaltungen in der Kirchengemeinde befestigen. Gemeinsam können sie eine Seite für den Gemeindebrief gestalten und dort von ihren Erfahrungen aus dem RU berichten. Möglich wären auch mehrere Seiten, die dann auf einer Pinnwand in der Kirche ausgestellt werden.
Dies ist im Vorfeld mit den Verantwortlichen der Kirchengemeinde zu besprechen.

Heftgestaltung

Die S erhalten den Kopf eines Gemeindebriefs und gestalten darunter eine Seite.

Seite 94/95

Vor Beginn dieser Sequenz haben die S den Auftrag bekommen, einzeln oder in kleinen Gruppen die katholische Kirche am Ort zu besuchen und die Aufträge auf Seite 94 auszuführen (Zeichenblock und Gemeindebrief).
Alternativ:
Die L besucht mit der ganzen Religionsklasse eine katholische Kirche als Unterrichtsgang. Die o.g. Aufträge werden dabei ausgeführt.
(Während der Passionszeit kann der Kreuzweg anhand der Bilder in der katholischen Kirche nachvollzogen werden.)

Vorbereitung

- Wortkarten (DIN A6) mit Begriffen von Einrichtungsgegenständen einer katholischen Kirche, entsprechende Bilder der S dazu (Alternative: Kopien aus dem Buch)
- Gemeindebriefe der katholischen Gemeinde (Seelsorgeeinheit) am Ort

Eingangssituation

Die Bilder der Gegenstände, die die S beim Besuch der katholischen Kirche kennengelernt und auf ihrem Zeichenblock festgehalten haben, werden den Wortkarten zugeordnet (Stuhlkreis).
Alternative: Karten von Bildern aus dem Buch erstellen und den Wortkarten zuordnen.

Erschließung

1. Unterrichtsschritt
Die S lesen die Zettel an der Pinnwand auf Seite 94. Aus den bereitgelegten Gemeindebriefen der kath. Gemeinde ergänzen sie weitere Angebote und schreiben sie jeweils auf einen Zettel (DIN A6). Gemeinsam überlegen sie, welche Angebote in ähnlicher oder gleicher Weise auch in einer evangelischen Gemeinde vorkommen. Die Zettel werden entsprechend (spezifisch katholisch bzw. evangelisch und katholisch) sortiert.

2. Unterrichtsschritt
Gemeinsam wird der Abschnitt „Was uns verbindet" (Seite 95) gelesen.
Die S suchen zu den 3 Sätzen: „Wir glauben ..." jeweils eine biblische Erzählung und begründen ihre Auswahl (Partnerarbeit).
Die Ergebnisse werden vorgestellt und besprochen. Die Begriffe Vater, Sohn, Heiliger Geist werden den drei Glaubenssätzen zugeordnet. Die S äußern ihre eigenen Vorstellungen dazu.

3. Unterrichtsschritt
Die L organisiert eine Unterrichtsstunde mit den katholischen S der Klasse/n und deren L. Die S erzählen sich, was sie inzwischen voneinander wissen und ergänzen sich gegenseitig. Welche biblischen Geschichten kennen sie? Welche Lieder kennen sie? ...
Arbeitsteilig bereiten sie eine gemeinsame Andacht oder einen gemeinsamen Schulgottesdienst vor.

Ergebnissicherung und Heftgestaltung

Die S tragen den erarbeiteten Gottesdienst-/Andachtsablauf in ihr Heft ein, dazu das jeweils arbeitsteilig erarbeitete Element (Lied, Gebet usw.).

Seite 96

Vorbereitung

Material:
- Wortkarten (siehe Eingangs- und Erschließungssituation)
- Aus Tonkarton ausgeschnittene große Pfeile mit Namen der Personen
- Infotexte „Persönlichkeiten" **(KV 4.5a–4.5e)**

Eingangssituation

Die L hat Schilder in Pfeilform vorbereitet, auf denen die Namen von Vorbildern (s. Seite 96) stehen, ebenso zwei „Wegweiser" mit der Aufschrift „10 Gebote" und „?".
Sie legt zunächst nur das Schild mit dem Fragezeichen in die Mitte. Die S erkennen an der Form,

dass es sich um einen Wegweiser handeln muss, und nennen ihre Assoziationen dazu.

Erschließung

Die L stellt folgende Eingangsfragen:
Was kann uns helfen auf dem Weg unseres Lebens?
Wer zeigt uns den richtigen Weg?
Als Denkanstoß legt die L den Wegweiser mit der Aufschrift „10 Gebote" dazu. Die S nennen weitere „Wegweiser", wie z.B. „Bibel", „Jesus" usw.
Dann legt die L die restlichen Schilder dazu, die die Namen von bedeutenden Menschen tragen. Die S kennen vermutlich kaum einen der Namen. In Stichworten erzählt die L ein paar Fakten aus dem Leben dieser Menschen **(KV 4.5a–4.5e)** und lässt dann die S auswählen, mit welchen sie sich in der nächsten Zeit beschäftigen möchten. Dies kann nun ein Mehrheitsbeschluss für eine Person sein, deren Leben im Klassenverband besprochen wird, oder die S recherchieren selbstständig bzw. in Gruppen im Internet oder in Lexika über die von ihnen gewählte Person. Möglich wäre auch eine Kombination beider Angebote.

Heftgestaltung (Ergebnissicherung)

Die S schreiben und gestalten eine Seite in ihrem Heft zu einer der abgebildeten Personen. Informationen erhalten sie aus dem Internet oder aus Büchern. Die L kann auch für jede Person eine Mappe mit Informationen bereitstellen.

Seite 97

Vorbereitung

- Postkarten blanko (DIN A6)
- Fotos von Menschen verschiedenen Alters (aus Zeitungen/Illustrierten/Werbebroschüren)
- Karte (DIN A4/A5) mit aufgemaltem Kreuz oder Fragezeichen

Eingangssituation

Die L legt die mitgebrachten Fotos in die Mitte des Stuhlkreises. Die S sortieren sie nach dem Alter. Rechts neben den ältesten Menschen legt die L eine Karte, auf der ein Fragezeichen oder ein Kreuz abgebildet ist.

Erschließung

1. Unterrichtsschritt
Die S vermuten, was sich hinter dem Fragezeichen oder dem Kreuz verbergen könnte. Vielleicht äußern sie die Überlegung, dass es um die Frage nach dem Ende des Lebens gehen könnte. Sie äußern sich dazu und stellen Fragen, die sie bewegen. Die L nimmt anschließend das Fragezeichen bzw. das Kreuz und legt es zwischen andere Bilder. Es wird deutlich, dass ein Leben bereits früher zu Ende sein kann.

2. Unterrichtsschritt
In verteilten Rollen lesen die S das Gespräch auf Seite 97. Anschließend notieren sie Fragen auf Zettel, die dann eingesammelt und in ein Kistchen gelegt werden. Die L sortiert die Fragen nach Verständnisfragen zum Text und weiterführenden Fragen. Fragen zum Text werden sofort beantwortet, die anderen Fragen bleiben im Kistchen. In jeder der folgenden Unterrichtsstunden wird über einige dieser Fragen diskutiert.

Ergebnissicherung

Die S bekommen weiße Postkarten und gestalten mit Farben ungegenständlich eine Kondolenzkarte, also eine Karte, die Menschen, die einen Menschen durch Tod verloren haben, trösten könnte. Es wird vorher besprochen, welche Farben und Symbole dazu hilfreich sein könnte. Auch Sätze und einzelne Worte können benannt werden, die auf die Karte geschrieben werden.

Heftgestaltung

Die S können auch in ihrem Heft eine Seite gestalten.
Überschrift: Wie ich einen Menschen trösten könnte

Falls die gestaltete Karte von den S noch nicht verwendet wurde, wird sie ins Religionsheft gelegt. Damit sie nicht herausfällt, kann aus einem rechteckigen Stück Papier eine „Tasche" ins Heft geklebt werden, die an einer Seite (oben) offen ist und in welche die Karte gesteckt wird.

Seite 97/99

Vorbereitung

- Weizenkorn
- Blumenerde, Blumentopf
- Bilder der Vorlage „Wachstumsphasen eines Weizenkorns“ **(KV 4.6)**, ausgeschnitten und vergrößert, auf der Rückseite die sechs Strophen des Liedes „Meinem Gott gehört die Welt“ (Seite 98) notieren.

Eingangssituation

Die Sequenz beginnt mit einer Stilleübung.
Alle S schließen die Augen und die L legt einem Kind ein Weizenkorn in die Hand. Sie befühlen es und geben es dann ihrem Nachbarn weiter.
Die S äußern Vermutungen, was der kleine Gegenstand gewesen sein könnte. Nachdem das Geheimnis gelüftet ist, erzählen die S, was aus diesem Samenkorn entstehen kann.
Es wird in die Erde gelegt und in den nächsten Tagen beobachtet.

Erschließung

1. Unterrichtsschritt
Die vorbereiteten sechs Bildkarten **(KV 4.6)** tragen an ihrem unteren Rand jeweils Teile des Verses aus Johannes 12,24:
„Wenn das Weizenkorn nicht in die Erde fällt und erstirbt, bleibt es allein; wenn es aber erstirbt, bringt es viel Frucht.“
Die S bringen die Karten in die richtige Reihenfolge und lesen den Bibelvers. Sie erzählen vom Wachstum eines Weizenkorns.

2. Unterrichtsschritt
Die S betrachten das Bild auf Seite 99 und lesen den Vers aus Johannes noch einmal. Die L gibt den Impuls, dass der alte Heinrich (Seite 97) etwas mit dem Samenkorn zu tun hat. Im Unterrichtsgespräch wird herausgearbeitet, dass jeder Mensch wie ein Weizenkorn sterben muss, aber die Hoffnung auf neues Leben nach dem Tod besteht, weil Jesus selbst diesen Satz über das Weizenkorn gesagt hat.

3. Unterrichtsschritt
Der Johannesvers wird von den S mit Orff-Instrumenten verklanglicht. Sie überlegen ein Instrument für das Weizenkorn, das Sterben, die Erde, das Alleinsein und das Fruchtbringen. Zur Aufführung wird der Vers vorgelesen oder von allen gemeinsam gesprochen.

4. Unterrichtsschritt
Nach der Verklanglichung spielt die L das Lied „Meinem Gott gehört die Welt“ (Seite 98) vor oder singt die erste Strophe, dann folgt noch einmal die Verklanglichung des Verses. Die S bringen die erste Strophe des Liedes in Verbindung mit dem Bibelvers: Gott gehört die Welt, also auch die Erde und das Weizenkorn. Er schafft neues Leben, auch die Ewigkeit.
Auf der Rückseite der Karten, die das Wachsen des Samenkorns abbilden, hat die L die Liedstrophen notiert. Die S lesen die weiteren Strophen des Liedes. Das Lied ist eingängig und daher von den S leicht zu singen. Mit den Orff-Instrumenten, die für die Verklanglichung des Bibelverses verwendet wurden, können die einzelnen Strophen begleitet werden. Dabei kann das Instrument, das bei dem Wort „Erde“ eingesetzt wurde, nun in der ersten Strophe („Welt“) benutzt werden, ein anderes für das Wort „Weizenkorn“ in der zweiten Strophe („ich“) usw. Kinder, die Blockflöte oder ein anderes Instrument spielen, können das Lied begleiten.

Ergebnissicherung

Gemeinsam wird das Lied mehrmals musiziert und gesungen. Nach jeder Strophe wird die Karte mit dem Liedtext umgedreht und das Wachsen des Samenkorns wird sichtbar. Auf diese Weise lassen sich die Strophen mit der Zeit auswendig lernen, ebenso der Bibelvers.

Heftgestaltung

Die S schreiben das Lied ab, ersetzen dabei aber die bildhaften Wörter (Sternlein, Hände usw.) durch Zeichnungen. Sie lernen das Lied auswendig.

5 Den Glauben anderer achten (Seite 100–113)

Theologische Vorüberlegungen

Judentum und Christentum haben den 1. Teil der Bibel gemeinsam. Von den Juden wird er als Tora bezeichnet, auch Hebräische Bibel genannt, weil er in hebräischer Sprache geschrieben ist. Christen nennen diesen Teil der Bibel das Alte Testament in Unterscheidung vom Neuen Testament, das von Jesus Christus und der Entstehung des christlichen Glaubens handelt. Mit den Begriffen „Alt“ und „Neu“ ist nicht gemeint, dass der erste Teil der Bibel veraltet sei. Um diese Assoziation zu vermeiden, wird das Alte Testament von Christen auch manchmal Hebräische Bibel genannt.
Nach den grundlegenden Geschichten von Schöpfung, Fall und Flut beginnt Gott mit Abraham als Stammesvater eine neue. Abraham wird auch im Neuen Testament als Vater des Glaubens bezeichnet. Sein Vertrauen in Gott, der ihn aus seinen Stammesbezügen heraus in ein neues Land führte, ist das Ideal. Abraham gilt als Vorbild im Glauben, einem Glauben, der nicht blind gehorcht, der vielmehr hört auf das Wort seines Gottes und ihm vertraut. Dabei geht die heutige Forschung davon aus, dass es eine Gestalt wie Abraham auch historisch gegeben hat, dass ihr aber in der Erzähltradition manche Erlebnisse zugeordnet wurden, die andere Stammesväter gemacht haben.
Der Glaube Abrahams verbindet Juden und Christen. Es ist auch der Glaube des Juden Jesus von Nazareth. Sein Glaube vereint Juden und Christen ebenfalls. Der Glaube an Jesus Christus, den wir Christen als Sohn Gottes oder konkreter als menschliche Gestalt Gottes bezeichnen, trennt Juden und Christen. So hat es schon Schalom Ben-Chorim in seinem Buch „Bruder Jesus“[1] festgehalten.
Der Koran, das heilige Buch des Islams, hat die Glaubenserfahrungen der Bibel aufgenommen und in seinem Verständnis neu interpretiert. Abraham/Ibrahim gilt auch hier als Vater und Vorbild im Glauben, allerdings im Glauben an einen Gott, der in seiner Größe und Erhabenheit sehr viel weiter von den Menschen entfernt ist.
Jesus/Isa Ben Marjam gilt als großer Prophet, der letzte vor Mohammed.

In diesem Kapitel soll nicht eine große Versöhnung der drei monotheistischen Religionen versucht werden, vielmehr soll durch erste Schritte des Kennenlernens den Mitgliedern anderer Religionen Achtung und Wertschätzung entgegengebracht werden. Dazu kann das Wissen um gemeinsame Wurzeln ebenso helfen wie auch die Gewinnung eines eigenen – vorläufigen – Standpunktes.
Achtung und Wertschätzung bedeuten für uns nicht, mit allem, was andere Religionen praktizieren und lehren, einverstanden zu sein. Bei der Begegnung mit Angehörigen anderen Glaubens ist dies zu bedenken. Die Faszination des Anderen darf nicht dazu führen, dass Eigenes plötzlich gering geschätzt wird. Es geht vielmehr darum, eine Kultur der gegenseitigen Achtung trotz unterschiedlicher Sichtweisen zu entwickeln. Die im Buch angesprochenen Aspekte sind bewusst nicht umfassend, dazu ist zu einem späteren Zeitpunkt Gelegenheit. Gerade wenn Schülerinnen und Schüler Mitschülerinnen oder Mitschülern anderen Glaubens begegnen, kann hier Toleranz und Behutsamkeit im Umgang miteinander eingeübt werden. Natürlich wird es dazu auch nötig sein, immer wieder den im gesamten Buch dargestellten Standpunkt des evangelisch-christlichen Glaubens in Worte zu fassen.
Schließlich soll der neugierig tolerante Umgang mit der Religion des anderen auch dazu beitragen, dass sich nicht wiederholt, was 1933–1945 in Deutschland an Unrecht geschah. Deshalb wollten wir diesen Aspekt auch ansprechen.

Leitgedanken

Die Schüler/-innen …

- werden mit der christlichen Religion vertraut, werden sich ihrer eigenen Zugehörigkeit bzw. Nichtzugehörigkeit bewusst und erfahren, dass es neben der christlichen Religion auch andere Religionen gibt.
- können einander in Verschiedenheit wahrnehmen, einander achten und loben und kennen Möglichkeiten, auch in Konflikten gerecht miteinander umzugehen.
- sind in der Lage, Menschen anderer oder keiner religiösen Orientierung mit Achtung zu begegnen.
- kennen einige Merkmale der jüdischen Glaubenspraxis.
- kennen einige Merkmale der islamischen Glaubenspraxis.
- wissen, dass Juden im Dritten Reich in großer

[1] Gütersloher Verlagshaus 2005

Zahl ermordet wurden.

Didaktisch-methodische Anregungen

Seite 100/101

Für die Erschließung der nächsten vier Seiten eignet sich das Lied „Abraham, Abraham ..." (EG 311) als Eingangslied.

Vorbereitung

Material:
- Bild eines Nomaden oder eines Zeltes oder eine Wortkarte „Abraham"
- Symbolkarten **(KV 5.1)**
- Wortkarten mit Begriffen zu den drei Religionen (siehe „Erschließung")
- Overhead-Folien (blanko)

Eingangssituation

Die L legt ein Bild eines Nomaden/eines Zeltes oder die Wortkarte „Abraham" in die Mitte des Stuhlkreises. Die S erzählen, was sie noch von Abraham wissen (Klasse 1/2).

Erschließung

1. Unterrichtsschritt
Nach der Wiederholung der Abraham-Geschichte legt die L die Symbolkarten **(KV 5.1)** „Davidstern" und „Halbmond mit Stern" in die Mitte. Falls die S nicht sofort darauf kommen, gibt die L den Impuls, dass diese Zeichen auf Flaggen vorkommen (Israel und Türkei) und etwas mit Religionen zu tun haben (Judentum und Islam). Mit den S spricht sie über Menschen, die dem jüdischen oder islamischen Glauben angehören und die den S bekannt sind.
Die L legt nun auch die Symbolkarte **(KV 5.1)** „Kreuz" in die Mitte. Zu den drei Symbolen hat sie Wortkarten vorbereitet, auf denen Begriffe stehen, die die S den drei Symbolen zuordnen: Koran, Bibel, Tora, Abraham, Ibrahim, Isa, Jesus, Allah, Gott, hebräisch, deutsch, arabisch. Im Gespräch wird auch verdeutlicht, dass die Geschichte von Abraham in dem Teil der Bibel steht, den Christen und Juden gemeinsam haben.

2. Unterrichtsschritt
Der Text auf Seite 101 wird gemeinsam gelesen.

3. Unterrichtsschritt
In Gruppen legen die S auf einer Overheadfolie eine Tabelle an (s. Abb.):
Sie tragen ihr Wissen über Judentum, Christentum und Islam zusammen und tragen Aussagen und/oder Fragen zu der jeweiligen Religion in die Tabelle ein. Die S präsentieren ihre Folien und die Fragen werden beantwortet.
Zum Schluss wird unter die Tabellen „Abraham/Ibrahim" in die Mitte geschrieben. Drei Pfeile weisen auf die drei Religionen, damit deutlich wird, dass alle drei einer gemeinsamen Wurzel entspringen.

Judentum	Christentum	Islam
	Abraham/Ibrahim	

Ergebnissicherung

Die S informieren sich im Internet, in Bibliotheken und bei Eltern und Verwandten über Islam und Judentum. Gibt es im Ort oder in der Nähe muslimische oder jüdische Kinder, werden sie in den Religionsunterricht eingeladen, um etwas über ihre Religion zu erzählen und ggf. Fragen zu beantworten, die sich die S überlegt haben.

Heftgestaltung

Die S legen eine dreispaltige Tabelle an und tragen die Begriffe, die den Bildern zugeordnet wurden (s. 3. Unterrichtsschritt), ein. Mancher Begriff taucht sowohl im Judentum als auch im Christentum auf, wenige auch in allen drei Spalten.
Überschrift: Drei Religionen, aber eine Wurzel

Seite 102/103

Vorbereitung

Material:
- Lied „Abraham, Abraham" (EG 311)
- Bibel, Koran, (Abbildung einer) Thora-Rolle
- Lied „Wie die helle Sonne" **(KV 5.2)**

Eingangssituation

Beim Anfangsritual wird das Lied „Abraham, Abraham" (EG 311) gesungen.
Die L bringt eine Bibel, einen Koran und eine nachgebildete Tora-Rolle oder eine Abbildung davon mit und legt sie in die Mitte des Stuhlkreises auf ein Tuch oder einen kleinen Tisch. Die S erzählen Geschichten aus der Bibel, die sie kennen. Der Aufbau der Bibel in AT und NT sowie einzelne Bücher wird kurz erläutert, soweit sie Geschichten enthalten, die den Kindern bekannt sind, z.B. im AT:

- 1. Mose: Schöpfung, Kain und Abel, Abraham, Josef
- 2. Mose: Mose-Geschichten
- Psalmen
- Jona

Oder im NT:

- Evangelien mit den Jesusgeschichten
- Apostelgeschichte mit der Pfingstgeschichte ...

Erschließung

1. Unterrichtsschritt

Die L gibt den Impuls: „Es gibt Personen, von denen stehen in allen drei Büchern Geschichten. Eine Person ist euch bereits bekannt."
Die S wiederholen, was sie von Abraham noch wissen.
Anschließend lesen sie die Geschichte auf Seite 102 und fassen zusammen, wie die Abraham-Erzählung weitergeht.

2. Unterrichtsschritt

Die Geschichte von Ibrahim auf Seite 103 wird zusammen mit den darunter folgenden Erklärungen gelesen.
Hinweis für die L:
Die Geschichte bezieht sich auf die Zeit, in der Abraham noch in Ur lebt. Davon erzählt die Bibel nichts, allerdings ist sie in jüdischen Kommentaren zur Abraham-Geschichte zu finden.

3. Unterrichtsschritt

Die L schreibt das Wort „Gott handelt (wie) ..." an die Tafel. Die S erkennen diesen Impuls aus früheren Stunden wieder und nennen ihre Vorstellungen von Gott.
Im Unterrichtsgespräch wird die im Koran geschilderte Gottesvorstellung herausgearbeitet. (Gott als Herr der Weltenbewohner, der mich erschaffen hat und mich leitet, der mich speist und mir zu trinken gibt, der mich wieder heilt, mich sterben lässt und auch wieder zu neuem Leben auferwecken wird, von dem ich hoffe, dass er mir einst am Tag des Gerichtes meine Sünde verzeihen wird.)
Schon in diesem Text klingt bei Muslimen an, dass Allah als Herr alles lenkt und vorherbestimmt.
Dabei werden Unterschiede zwischen dem christlichen/jüdischen Verständnis von Gott und dem der Muslime herausgearbeitet:
Auch Christen und Juden glauben an Gott als Herrn der Welt, für Christen ist er aber in Jesus Christus den Menschen sehr nahe gekommen. Gemeinsam glauben Juden und Christen an Gott, der die Welt und den Menschen erschaffen hat, ihm Wege weist, aber auch die Freiheit zur Entscheidung lässt. Christen glauben an die Vergebung durch Jesu Christi Kreuzestod, der ihnen ewiges Leben schenkt, Juden daran, dass die Gerechten von Gott aufgenommen werden.

4. Unterrichtsschritt

Die Aufgaben-Impulse (Seite 103) werden gelesen und besprochen. Erläuterungen finden sich auch in Kapitel 2.

Ergebnissicherung

Die S schreiben auf ein gelbes Poster, das in Form eines Dreiecks geschnitten wurde (Symbol für den trinitarischen Gott), christliche Vorstellungen von Gott, die zuvor erarbeitet wurden. Alternativ kann das Dreieck auf ein gelbes Poster gezeichnet werden. Die S tragen in das Dreieck christliche Gottesvorstellungen und außerhalb muslimische bzw. jüdische ein.

Heftgestaltung

Gemeinsam wird das Lied „Wie die helle Sonne" **(KV 5.2)** gesungen. Dieses Lied schreiben die Kinder ins Heft und illustrieren es.

Seite 104/105

Vorbereitung

Material:

- Infotext „Ramadan und Seker Bayram" **(KV 5.3)**
- Arbeitsblatt „Das Zuckerfest – Seker Bayram" **(KV 5.4)**

Eingangssituation

Die L bittet die S, zu erzählen, was sie am liebsten essen. Die S können auch ihr Essen zeigen, das sie an dem Tag dabeihaben. Wurde ein muslimisches Kind dazu eingeladen, erzählt es, welche dieser Speisen ein Muslim nicht essen darf. Ansonsten erzählt dies die L.

Erschließung

1. Unterrichtsschritt
Die S lesen den Text auf Seite 104. Sie spielen die Geschichte nach. Dann bearbeiten sie in Partnerarbeit den Aufgaben-Impuls und stellen ihre Ergebnisse vor.

2. Unterrichtsschritt
Der Brief einer muslimischen Schülerin (Seite 105) wird gelesen. Er berichtet von der türkischen Version des „Fastenbrechens" am Ende des Ramadans. Arabisch wird das Fest „Id ul Fitr" genannt. Die S recherchieren, wie Seker Bayram gefeiert wird.

Vielleicht kann ein muslimischer Mitschüler der Klasse davon erzählen. Die S bereiten sich auf das Gespräch vor, indem sie sich in Gruppen Fragen überlegen.

Die L kann auch von dem Fest erzählen (s. Infotext, **KV 5.3**).

Die S bearbeiten das Arbeitsblatt „Das Zuckerfest – Seker Bayram" **(KV 5.4)**.

Ergebnissicherung/Heftgestaltung

Die S schreiben einen kurzen Antwortbrief an Aysche in ihr Heft. Darunter schreiben sie einen Einladungsbrief zu einem christlichen Fest an Abdul, Aysche oder ein muslimisches Kind ihrer Klasse, in dem sie kurz beschreiben, wie sie es feiern.

S. 106/107

Vorbereitung

Material:
- Wortkarten mit Begriffen zum Islam und Christentum
- Symbolkarten **(KV 5.1)** „Halbmond" und „Kreuz"
- Je ein Plakatkarton DIN A3 mit dem Umriss einer Kirche und einer Moschee
- Umriss Kirche **(KV 5.5)**, vergrößert auf DIN A3
- Umriss Moschee **(KV 5.6)**, vergrößert auf DIN A3
- Arbeitsblatt „Einrichtungsgegenstände Kirche und Moschee" **(KV 5.7)**
- Infotext „Das Leben Mohammeds" **(KV 5.8)**
- Arbeitsblätter „Das Leben Mohammeds – Bilder" **(KV 5.9)**, „Das Leben Mohammeds – Textstreifen" **(KV 5.10)**
- Spiele „Islam-Domino" **(KV 5.11)** und „Islam-Würfelspiel" **(KV 5.12)**

Eingangssituation

Die L zeigt noch einmal die Kärtchen vom Beginn der Einheit, auf denen Begriffe zum Islam und zum Christentum stehen (siehe Seite 62). Sie hat weitere Begriffe hinzugefügt und lässt die Kärtchen nun den beiden Religionen zuordnen, die sie durch die Symbolkarten „Halbmond" und „Kreuz" gekennzeichnet hat **(KV 5.1)**.

Erschließung

1. Unterrichtsschritt
Die S lesen die Texte der Seiten 106/107 und nennen zu den dort aufgeführten Begriffen aus dem Islam die entsprechenden christlichen Begriffe:

Moschee – *Kirche*
Bekenntnis des Islams – *Glaubensbekenntnis*
Isa – *Jesus Christus*
Koran – *Bibel ...*

Dabei ist zu beachten, dass Mohammed und Jesus nicht gleichgesetzt werden dürfen. Jesus wird als großer Prophet Isa Ben Marjam im Koran dargestellt.
Wenn die S die Möglichkeit haben, eine Moschee zu besuchen, sollte diese wahrgenommen werden.

2. Unterrichtsschritt
Die L legt die Plakate mit den Umrissen von einer Moschee und einer Kirche **(KV 5.5/5.6)** in die Mitte des Stuhlkreises. Die S schneiden vom Arbeitsblatt „Einrichtungsgegenstände Kirche und Moschee" **(KV 5.7)** die verschiedenen Einrichtungsgegenstände aus und kleben sie in das jeweilige Gebäude. Anschließend werden die Einrichtungsgegenstände beschriftet.

3. Unterrichtsschritt
Die L erzählt kurz die Lebensgeschichte des Propheten Mohammed **(KV 5.8)**.

Ergebnissicherung

Die S sortieren in Partnerarbeit Bilder aus dem Leben Mohammeds **(KV 5.9)**.
An verschiedenen Stationen wiederholen die Kinder einige Inhalte zum Islam: Die Einrichtungsgegenstände der Moschee werden mit den Spielen „Islam-Domino“ **(KV 5.11)** und „Islam-Würfelspiel“ **(KV 5.12)** wiederholt. Außerdem gibt es weitere Möglichkeiten der Vertiefung (z.B. Quiz, Lückentexte etc.).

Heftgestaltung

Da Grün die Farbe des Islams ist („Lieblingsfarbe“ Mohammeds), sollte diese im Heft verwendet werden. Die S zeichnen eine Moschee in ihr Heft und schreiben mit grüner Farbe die Namen der Einrichtungsgegenstände um die Moschee.
Den Bildern zum Leben Mohammeds **(KV 5.9)** werden einzelne Textkarten **(KV 5.10)** zugeordnet und paarweise in der richtigen Reihenfolge ins Heft geklebt.
Überschrift: Der Prophet Mohammed

Seite 108/109

Vorbereitung

Material:
- Plakatkarton DIN A3 mit dem Umriss einer Kirche
- Arbeitsblatt „Einrichtungsgegenstände Synagoge“ **(KV 5.13)**
- Umriss Synagoge **(KV 5.14)**, vergrößert auf DIN A3
- Pro Kind 1 DIN-A4-Blatt, 2 Schaschlikspieße und 4 Holzperlen
- Bibel

Eingangssituation

Die S nehmen ihre gestaltete Uhr (siehe Unterrichtseinheit zu Seite 76) und wiederholen, wie sie den Sonntag verbringen. Sie sammeln Ideen, wie der Sonntag eine besondere Gestaltung erfahren kann.

Erschließung

1. Unterrichtsschritt
Die S lesen den Dialog zwischen Susanne und Mirjam (Seite 108). Sie überlegen sich in Gruppen zwei Familienszenen: in einer jüdischen Familie am Sabbat, in einer christlichen Familie am Sonntag. Die Szenen spielen sie vor. Als Hilfe können sie dazu den Dialog auf Seite 108 verwenden.

2. Unterrichtsschritt
Der Text auf Seite 109 wird gelesen. Zu den Plakaten mit den Umrissen einer Kirche und einer Moschee (zu Seite 106/107) gestalten die S nun noch eine Synagoge. Dazu erhalten sie wieder einen Umriss und kleben darauf Einrichtungsgegenstände ein **(KV 5.13/5.14)**.

Falls eine Synagoge am Ort ist, sollte sie besucht werden.

Ergebnissicherung

Ein DIN-A4-Blatt wird längs in der Mitte halbiert, sodass zwei lange Papierstreifen entstehen. Diese werden aneinandergeklebt. Am oberen und unteren Ende wird ein Schaschlikspieß (evtl. etwas kürzen) geklebt, auf dessen Enden je eine Perle gesteckt wird. Die beiden Seiten werden zu einer „Tora-Rolle“ aufgerollt. Die S schreiben eine Geschichte oder einen Bibelvers aus den fünf Büchern Mose auf. Beispiel: „Solange die Erde steht, soll nicht aufhören ...“ (1. Mose 8,22). Gegebenenfalls können sie eine Bibel zu Hilfe nehmen.

Heftgestaltung

Die S zeichnen eine Synagoge ins Heft und schreiben die Namen der Einrichtungsgegenstände einer Synagoge hinein.

Seite 110/111

Vorbereitung

Material:
- Wortkarten mit den Namen der jüdischen Feste
- Wortkarten mit der Bedeutung der Feste
- Wortkarten mit den jüdischen Monatsnamen
- Wortkarten mit den Monatsnamen des Jahreslaufs
- Wortkarten mit christlichen Festen
- Arbeitsblatt „Feste im Judentum“ **(KV 5.15)**

Eingangssituation

Die L verteilt die vorbereiteten Wortkarten. Die S lesen die Namen und die Bedeutungen und vermuten, wie sie zusammengehören.

Erschließung

Die L lässt die Monatsnamen unseres Kalenders von den S in Kreisform auf den Boden legen. Die S ordnen die Wortkarten mit den christlichen Festen (Erntedank, Weihnachten, Ostern, Pfingsten) den Monatsnamen zu. Im Gespräch wird die Bedeutung der christlichen Feste wiederholt. Anschließend versuchen die S die Wortkarten mit den Namen der jüdischen Feste und mit der Bedeutung der Feste zuzuordnen. Da diese nicht in jedem Fall eindeutig sind, kann sich ein Gespräch daraus entwickeln. Die S begründen ihre Zuordnung.

Die kurzen Texte auf den Seiten 110/111 im Schülerbuch werden gemeinsam gelesen und die Bilder dazu betrachtet. Dabei fällt den S auf, dass es im jüdischen Kalender andere Monatsbezeichnungen gibt.
Mithilfe der Informationen im Schülerbuch können die Namen der Feste und ihre Bedeutungen nun einander richtig zugeordnet werden.
Ebenso werden die Monatsnamen (Wortkarten) zugeordnet.

Heftgestaltung/Ergebnissicherung

Die S legen im Heft eine zweispaltige Tabelle an, schreiben links die Namen der jüdischen Feste hinein und notieren rechts jeweils in einem Satz auch die Bedeutung. Mit einer anderen Farbe schreiben sie dann darunter die christlichen Feste und ihre Bedeutung auf.

Alternative: Die S erhalten das Arbeitsblatt „Feste im Judentum" **(KV 5.15)**, das Puzzleteile der Monatsnamen, Namen und Bedeutungen der jüdischen Feste enthält. Sie schneiden die Teile aus, fügen sie zusammen und kleben sie ins Heft.

Weiterführender Arbeitsauftrag:
Die S wählen ein jüdisches Fest aus und recherchieren im Internet zusätzliche Informationen. In der nächsten Unterrichtsstunde stellen sie ihre Informationen vor.

Seite 112/113

Vorbereitung

Material:
- Lied „We shall overcome" **(KV 5.16)**

Informationen zu "Yad Vashem":
Yad Vashem ist die Gedenkstätte an die Opfer der Gewaltherrschaft im 3. Reich (von Juden als Shoa bezeichnet) in Jerusalem. Sie wurde 1953 durch einen Beschluss des israelischen Parlaments gegründet und hat die Aufgabe, die Geschichte der Juden in der Shoa zu dokumentieren, das Andenken an jedes Einzelne der sechs Millionen Opfer zu bewahren und durch Projekte und Aktivitäten des Archivs, der Bibliothek, der Museen sowie durch die Anerkennung „der Gerechten unter den Völkern" das Vermächtnis der Shoa den nächsten Generationen zu übermitteln. (Weitere Informationen: www.yad-vashem.de)

Eingangssituation

Zu diesem Abschnitt kann das Lied „We shall overcome" **(KV 5.16)** im Eingangsritual gesungen werden. Weitere mögliche Lieder wären iraelische Lieder wie „Hevenu shalom alechem" oder „Gib uns Frieden jeden Tag" (EG 425).
Die S betrachten gemeinsam das Bild auf Seite 113 und versuchen, die Schrift (Auschwitz) zu entziffern.
Sie beschreiben die Stimmung des Bildes, die Assoziationen, die sie haben.
Die Lehrkraft erzählt den S, dass es sich um eine Gedenkstätte in Israel handelt (Hebräische Buchstaben): Yad Vashem (s. Infotext oben).

Erschließung

Gemeinsam wird der Text auf Seite 112 gelesen. Ergänzend dazu können aus dem Buch „Damals war es Friedrich"[2] einzelne Kapitel vorgelesen und besprochen werden.
Die S bringen ihr Vorwissen über den Zweiten Weltkrieg und Israel ein.

Ergebnissicherung

Die S suchen in Zeitungen und Zeitschriften oder auch im Internet Berichte und Bilder über Israel und bringen sie mit in den Unterricht. In Gruppen werden die Materialien gesichtet und anschließend ein Plakat erstellt.

Heftgestaltung

Die S malen den Umriss ihrer Hände auf ein Papier und schneiden sie aus. Anschließend tauschen sie eine Papierhand mit einem anderen S aus, mit dem sie friedlich leben oder sich versöhnen möchten.

[2] Richter, Hans Peter: Damals war es Friedrich. München: dtv

Die Hände werden ineinandergeschoben und ins Heft geklebt.
Überschrift oder Text darunter: Gott will Frieden unter uns Menschen

Trage die fehlenden Wörter in die Lücken ein.

1. Geh aus, mein ________________ ,
und suche Freud in dieser lieben
Sommerzeit an deines Gottes Gaben;
schau an der schönen ____________
Zier und siehe, wie sie mir und dir
sich ausgeschmücket haben.

2. Die ________________ stehen voller
Laub, das Erdreich decket
seinen ________________
mit einem ______________ Kleide;
___________ und die ___________ ,
die ziehen sich viel schöner an
als Salomonis Seide.

3. Die ______________ schwingt sich
in die Luft, das _____________ fliegt
aus seiner Kluft und macht sich in
die ____________ ; die hochbegabte
_______________ ergötzt und füllt mit
ihrem Schall ________________ ,
____________ , ____________ und
____________ .

4. Die ____________ führt ihr
Völklein aus, der _________ baut und
bewohnt sein _____________ ,
das _____________ speist die
Jungen, der schnelle ____________ ,
das leichte _____________
ist froh und kommt aus seiner Höh ins
tiefe _____________ gesprungen.

8. Ich selber kann und mag nicht ruhn,
des großen Gottes großes Tun
erweckt mir alle Sinne;
ich __________ mit, wenn alles singt,
und lasse, was dem Höchsten klingt,
aus meinem _____________ rinnen.

14. Mach in mir deinem Geiste Raum,
dass ich dir wird ein guter
_____________ , und lass mich
_____________ treiben.
Verleih, dass zu deinem Ruhm ich
deines ________________ schöne
____________________ und
_____________ möge bleiben.

15. Erwähle mich zum _____________
und lass mich bis zur letzten Reis
an Leib und Seele grünen, so will ich
dir und deiner Ehr allein und sonsten
keinem mehr hier und dort ewig
dienen.

Text: Paul Gerhardt EG 503

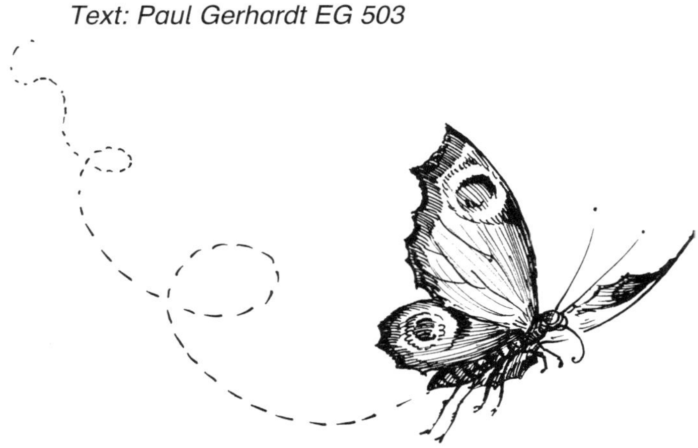

orle

Naturschutzgebiet

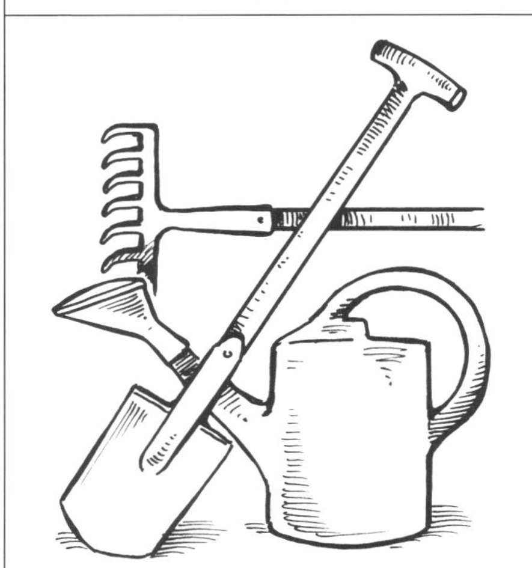

elli
e750l

Müll

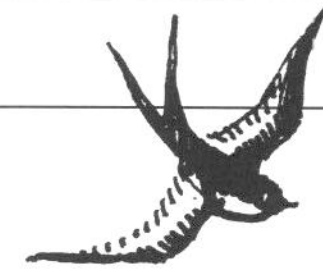

Text: Rolf Krenzer, Melodie: Detlev Jöcker

2. Dass die Blumen jeden freuen, dass sie wachsen und gedeihen,
dass ihr Duft bei Tag und Nacht, Gottes Schöpfung fröhlich macht.

3. Dass ein jedes Tier sein Leben, das ihm selbst von Gott gegeben,
ungehindert leben kann, gebt gut acht und rührt nicht an.

4. Dass ganz rein die Bäche fließen zwischen Feldern, zwischen Wiesen.
Sauber fließt der Fluss daher, sauber auch das große Meer.

5. Mond und Sonne in der Ferne. Nachts der Himmel voller Sterne.
Gott schuf diese schöne Welt, dass es allen hier gefällt.

6. Luft zum Atmen, Brot zum Leben.
Zeit und Raum von Gott gegeben.
Und Gott spricht: „Macht euch bereit,
geht und wirket in der Zeit!“

Bald dachten die Menschen nicht mehr an Gott. Sie spielten sich auf, als seien sie Gott selbst, und verdarben alles, was er gemacht hatte. Sie schlugen sich und töteten einander. Jeder dachte nur noch an sich und an das, was ihm nützte.
Da tat es Gott Leid, dass er die Menschen gemacht hatte. Und er sprach zu sich: „Ich werde die Menschen mitsamt der Erde vernichten!"
Aber einer machte bei dem bösen Treiben der Menschen nicht mit: Noah. Er hielt sich zu Gott und lebte so, wie es Gott gefiel. Noah hatte drei Söhne: Sem, Ham und Jafet. Da sprach Gott zu Noah: „Ich habe beschlossen, die gesamte Menschheit zu vernichten, denn wo man auch hinsieht, herrscht Grausamkeit. Darum werde ich alles auslöschen! Bau dir ein Schiff, denn bald wird es regnen, so viel, dass alles Land von Wasser bedeckt ist. Auch die Blumen und Bäume, sogar die Tiere und Menschen, alles, was lebt, wird untergehen. Aber dich und deine Frau und deine drei Söhne mit ihren Frauen will ich am Leben erhalten."
Da hörte Noah auf Gott und baute die Arche, ein riesiges Schiff. Er baute sie wie ein Haus, drei Stockwerke hoch mit vielen Kammern, mit einer Tür und einem Fenster und einem großen Dach.

Als endlich die Arche gebaut war, sprach Gott zu Noah: „Nun wähle von allen Tieren ein Paar aus und bringe sie in die Arche hinein! Denn auch die Tiere will ich am Leben erhalten."
Und schon kamen sie an, Löwen und Schafe, auch Vögel und Käfer und sogar Würmer, alles, was kriecht und fliegt und was Beine hat. Noah wählte von allen ein Paar aus und brachte sie in die Arche und schaffte für sie riesige Mengen Futter herbei. Dann ging er selbst mit seiner Frau, seinen drei Söhnen und ihren Frauen in die Arche hinein.
Und Gott schloss die Tür hinter ihm zu.

Nach sieben Tagen verschwand die Sonne hinter den Wolken. Der Himmel wurde ganz schwarz. Auf einmal brach der Regen los. Es schüttete und goss. Es hörte gar nicht mehr auf. Das Wasser stieg höher und höher bis zu den höchsten Bergen. Bald war überall nur noch Wasser zu sehen. Und die Arche? Sie trieb ruhig auf dem Wasser dahin. Vierzig Tage lang dauerte der furchtbare Regen an.
Da dachte Gott an Noah und machte dem Regen ein Ende. Die Sonne begann wieder zu scheinen. Aber die Arche trieb noch immer auf dem Wasser dahin.

So vergingen die Tage und Wochen. Allmählich ging das Wasser zurück, bis eines Tages die Arche unter Wasser einen Berg rammte. Aber noch war nirgendwo Land zu sehen. Das Wasser sank nur ganz langsam. Endlich traten die Bergspitzen aus dem Wasser hervor. Aber die Arche blieb noch immer verschlossen. Noah musste noch warten.

Da nahm Noah einen Raben und ließ ihn aus dem Fenster fliegen. Aber der Rabe kam wieder zurück. Er hatte kein Futter gefunden. Danach ließ Noah eine Taube fliegen, aber auch sie fand keinen Landeplatz. Nun wusste Noah: Er musste immer noch warten. Eine weitere Woche verging. Da ließ Noah zum zweiten Mal die Taube hinausfliegen. Aber sie kam am Abend wieder zurück. Doch sie hielt ein Blatt von einem Ölbaum im Schnabel. Da wusste Noah: Bald ist es soweit. Noch eine Woche verging. Da ließ Noah zum dritten Mal die Taube hinausfliegen. Aber sie kam am Abend nicht mehr zurück.
Nun öffnete Noah das Dach und schaute hinaus. Das Land war trocken.

Und Gott sprach zu Noah: „Nun geh aus der Arche mit deiner ganzen Familie und mit allen deinen Tieren!"
Da machte Noah die Türe weit auf und trat ins Freie. Wie schön sah die Erde wieder aus! So schön wie am Anfang. Aus dem Boden spross frisches Gras und überall blühten Blumen.
Da baute Noah einen Altar aus Steinen und dankte Gott. Aber was hatte Gott mit der Erde künftig vor? Wollte er sie vielleicht irgendwann noch einmal vernichten?
Da sprach Gott zu Noah: „Ich will die Erde nicht mehr vernichten. Keine Flut soll mehr kommen wie diese.

Solange die Erde steht, soll nicht aufhören Saat und Ernte, Frost und Hitze, Sommer und Winter, Tag und Nacht.

Wenn es noch einmal so stark regnen wird, dann seht zum Himmel. Dort wird in den Wolken mein Regenbogen stehen. Er ist das Zeichen dafür, dass ich mein Versprechen halte."
Da dankte Noah Gott für sein großes Versprechen. Und er fing wieder von vorn an: Er legte Äcker und Weinberge an, säte und pflanzte. Und Gott ließ wachsen und reifen, was Noah gesät und gepflanzt hatte.

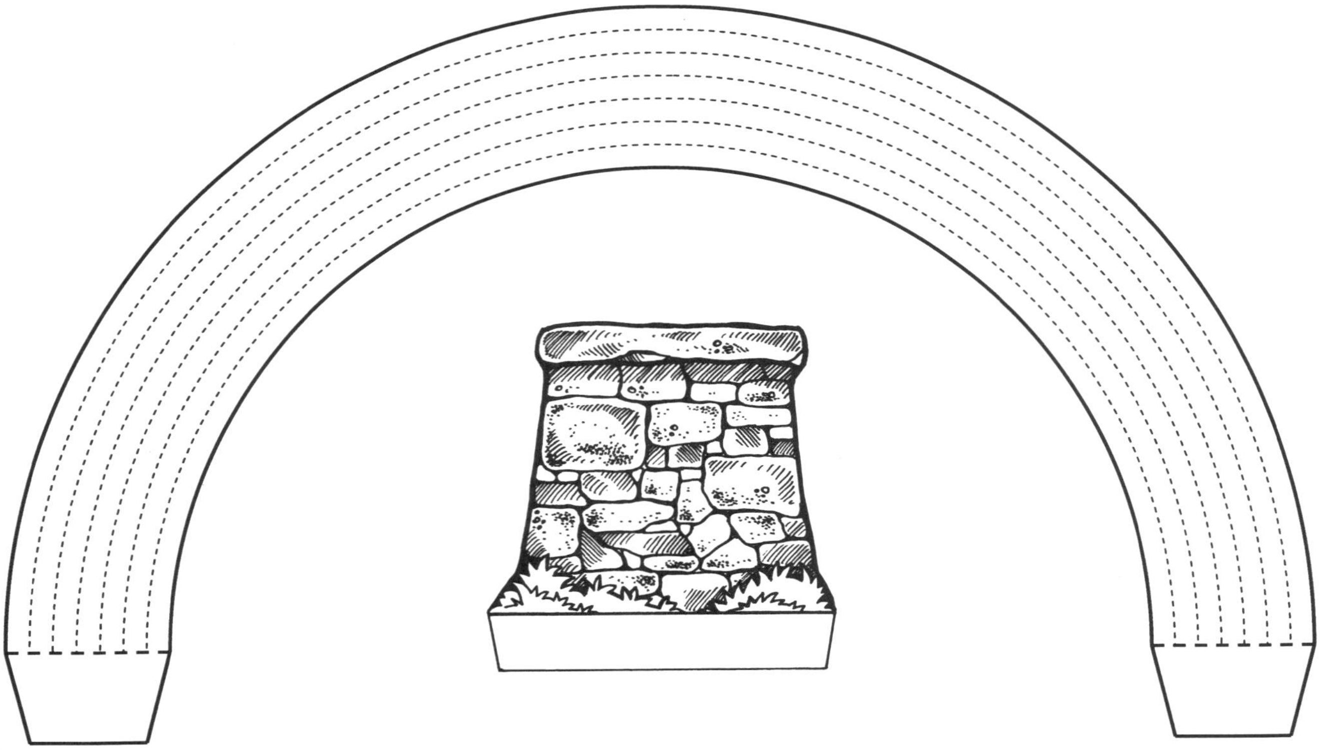

Lasst uns von Jesus singen

Text und Melodie: Esther Richter

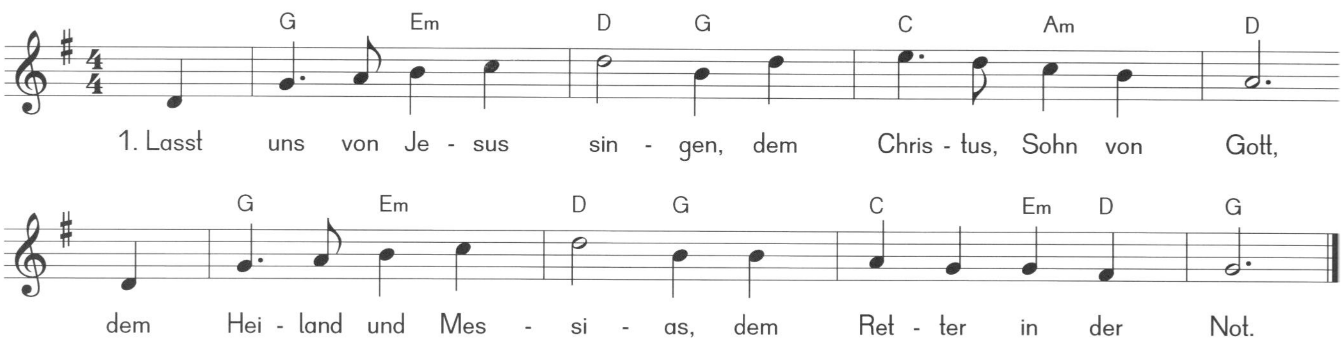

2. Aus Nazareth kommt Jesus, er wandert durch das Land,
   erzählt von Gott den Menschen, so ist er sehr bekannt.

3. Als Jude und als Rabbi liest Jesus die Tora,
   er geht zur Synagoge und ist für Menschen da.

4. Er heilt so viele Kranke und macht den Menschen Mut,
   er tröstet, hilft und segnet, sagt ihnen, Gott meint's gut.

5. Er heilt auch ihre Herzen, schenkt Liebe, Treue, Kraft,
   um andere zu lieben, was man allein nicht schafft.

6. Es gibt auch manche Gegner, die stört, was Jesus spricht,
   dass er sei der Sohn Gottes, das glauben sie ihm nicht.

7. Am Sabbat hilft und heilt er, und zeigt den Menschen so,
   dass sie ihm sind ganz wichtig, und macht sie damit froh.

8. Er kümmert sich um Menschen,
   die keiner leiden kann,
   schenkt ihnen sein Vertrauen
   und einen Neuanfang.

9. Er zeigt uns Gottes Liebe,
   und will stets bei uns sein,
   wir dürfen ihm vertrauen,
   er lässt uns nie allein.

Davidstern

KV 2.2

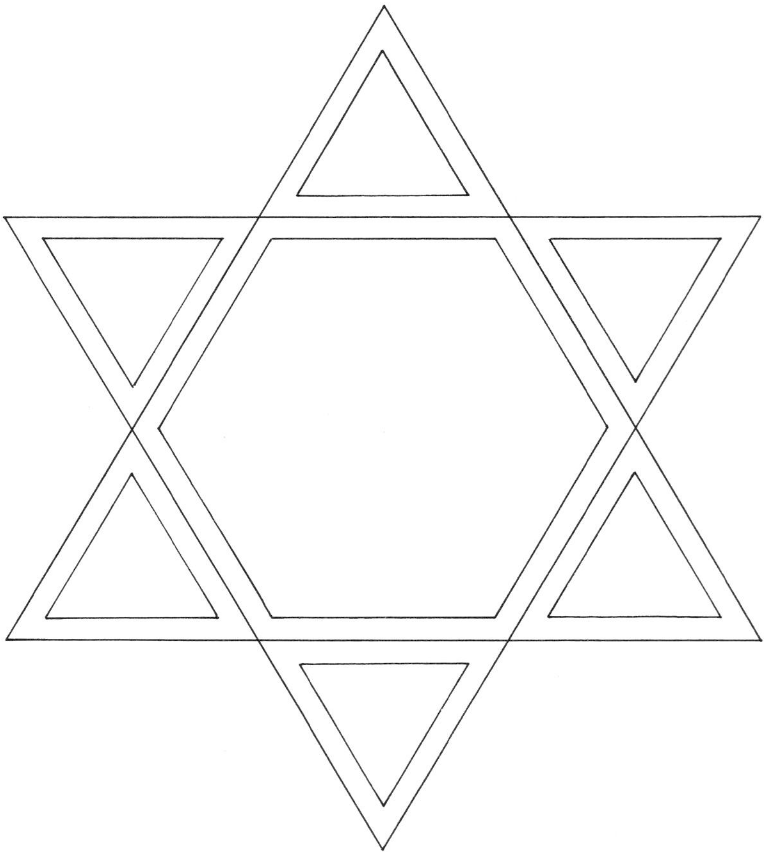

Umrisszeichnung Fisch

KV 2.3

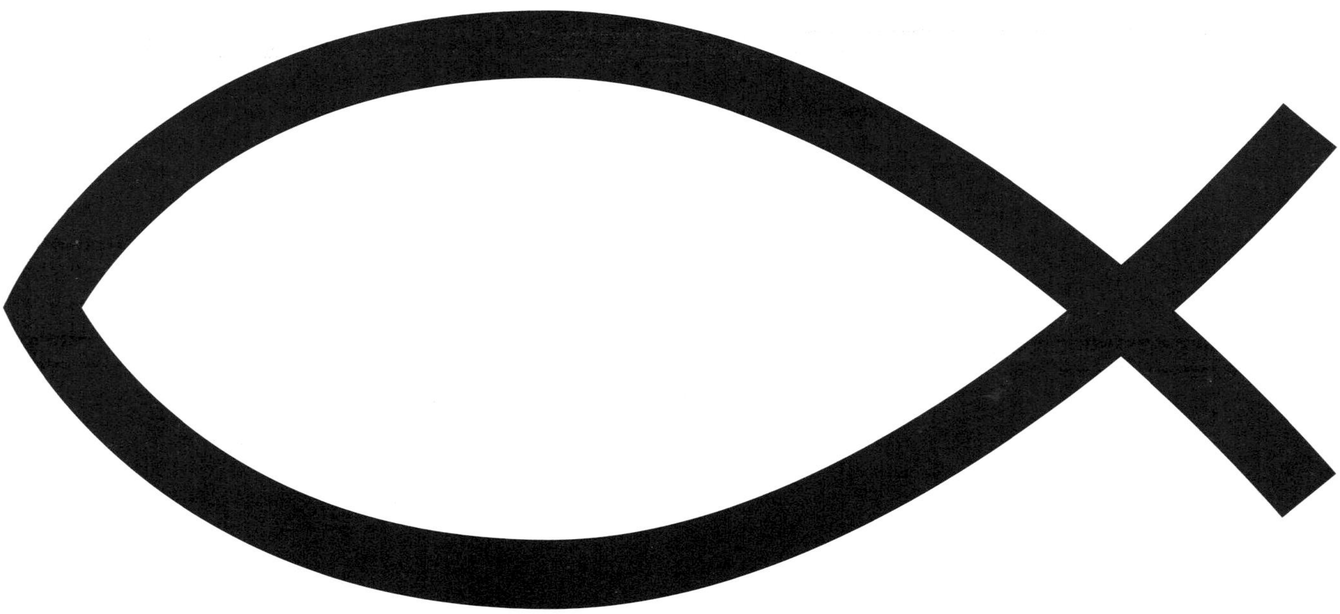

Name: ______________________________

Weitere Namen und Titel: ______________________________

Geburtsdatum: ______________________________

Geburtsort: ______________________________

Volkszugehörigkeit: ______________________________

Wohnorte: ______________________________

Gelernter Beruf: ______________________________

Tätigkeit: ______________________________

Name des Adoptivvaters: ______________________________

Name der Mutter: ______________________________

Trage ein:

Maria, Zimmermann, Bethlehem, Nazareth und Kapernaum, um 4. n. Chr., Jesus, Joseph, Jude, Wanderprediger, Johannes der Täufer, Messias, Gottes Sohn, Christus, König der Juden

Schilderung einer Bar-Mizwa-Feier

Der folgende stark gekürzte Text stammt aus dem Buch „Damals war es Friedrich" von Hans Peter Richter. Der Ich-Erzähler, ein christlicher Junge, nimmt an der Bar Mizwa seines jüdischen Freundes Friedrich teil:

Friedrich saß zwischen mir und seinem Vater. Allmählich füllten sich die Sitzbänke mit Männern. Sie hoben die Sitzbretter ihrer Bank hoch. Darunter befanden sich kleine Fächer. Friedrich entnahm seinem Fach einen großen weißen Schal, ein Gebetbuch und sein Gebetskäppchen. Den Schal mit den langen Fransen berührte er mit den Lippen und legte ihn um.

„Mein Tallit, mein Gebetsmantel!", flüsterte er mir zu.
Ein Mann, dessen schwarzer Mantel bis zu den Füßen reichte, trat an ein teppichbedecktes Betpult, blätterte ein dickes Buch von hinten auf und begann, in singendem Tonfall ein Gebet auf hebräisch zu sprechen.
„Unser Rabbiner!", sagte Friedrich leise. Dann schlug er sein Gebetbuch auf und betete auch hebräisch. Manchmal unterbrach er den Gesang des Rabbiners durch einen Zwischenruf, ein anderes Mal stimmte er anscheinend ein ganz anderes Gebet an.
Der Rabbiner betete nach Osten gewandt. Vor der Ostwand, die mit einem roten Vorhang verhängt war, machte er kleine Verbeugungen, sodass es aussah, als ob er vor- und zurückwippe. Der rote Vorhang war mit goldenen hebräischen Schriftzeichen bestickt. Sonst gab es in dem Raum kein Bild, keinen Schmuck, nur große vielarmige Leuchter mit Kerzen.

Von einem seitlichen Rang her schauten die Frauen dem Gottesdienst zu.
Nach dem Gesang schritt der Rabbiner zum Vorhang. Ein Synagogendiener zog den roten Samt beiseite. Darunter erschien eine kleine Tür in der Wand. Der Rabbiner öffnete die Tür. Er gab den Blick in die Lade frei. „Die Torarolle!", erklärte mir Friedrich. Die Torarolle war in einen Umhang gehüllt, mit einer silbernen Krone und einem silbernen Schild verziert. Der Rabbiner hob sie aus der Lade. In feierlichem Umzug trug er die schwere Rolle durch den Raum. Überall, wo er vorüberkam, standen die Gläubigen auf. Sie führten ihren Tallit an die Tora und dann zu den Lippen.
Am Betpult wurden der Tora die Krone, der Schild und der Umhang abgenommen. Die mächtige handgeschriebene Pergamentrolle lag auf dem Pult. Der Rabbiner lud sieben Männer aus der Gemeinde an das Pult. Als letzten rief er Friedrich auf. Er begrüßte ihn feierlich.

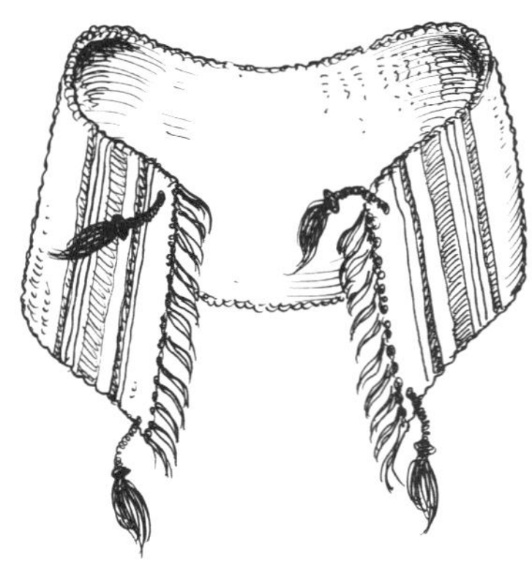

Wie die anderen berührte auch Friedrich die Torastelle, die der Rabbiner ihm wies, mit dem Tallit und küsste den Tallit. Danach führte er einen silbernen Stift von rechts nach links die Zeilen entlang und sang den Wochen-Abschnitt. Alles auf Hebräisch. Die letzte Stelle berührte er wieder mit seinem Tallit und den Tallit mit dem Mund. Während die Torarollen wieder mit ihrem Schmuck versehen wurden, las er aus einem dicken Buch den Prophetenabschnitt vor.

Schilderung einer Bar-Mizwa-Feier **KV 2.5b**

Dann kehrte er an seinen Platz zurück. Der Rabbiner zog mit der Torarolle wieder zu der Lade, sprach ein Gebet und verschloss die kleine Tür. Danach hielt er für Friedrich eine kurze Predigt auf Deutsch:

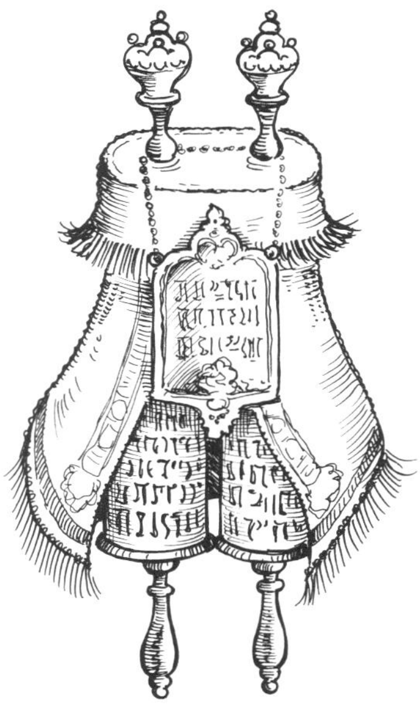

„Heute, eine Woche nach deinem dreizehnten Geburtstag, hast du zum ersten Mal vor der Gemeinde einen Abschnitt aus der Tora vorgelesen. Für jeden Juden ist das eine ganz besondere Ehre. Der Tag heute ist deshalb für dich ein besonderer Tag. Ein neuer Abschnitt deines Lebens beginnt. Von jetzt an bist du allein vor Gott für dein Tun verantwortlich. Du bist ein vollwertiges Mitglied der Gemeinde. Bedenke das! Befolge die Gebote Gottes! Niemand kann dir die Schuld abnehmen, wenn du gegen sie verstößt ... “

Der Rabbiner beendete seine Predigt mit einem Satz in hebräischer Sprache. Bald danach schloss der Gottesdienst mit einem gemeinsamen Lied. Wir gingen hinaus. Alle Männer aus der Synagoge kamen zu uns und beglückwünschten Friedrich.

Weitere Informationen:
Ein Junge wird mit seinem 13. Geburtstag religiös mündig, ein Mädchen mit ihrem 12. Geburtstag. Der Junge, der dieses Alter erreicht, wird Bar-Mizwa genannt, das Mädchen Bat-Mizwa; diese Worte bedeuten „Sohn bzw. Tochter der Gebote“.
Der Eintritt in die Religionsmündigkeit wird gefeiert, entweder am Geburtstag oder am Sabbat nach dem Geburtstag. Manchmal trägt der Bar-Mizwa schon am Tag der Bar-Mizwa die Gebetsriemen (mit den Geboten Gottes) an der Stirn und um die Arme. Die verschiedenen Gemeinden haben dazu unterschiedliche Gebräuche. Bar-Mizwa-Zeremonien gibt es seit dem 14. Jahrhundert, für Mädchen wurde die erste Bat-Mizwa-Zeremonie 1922 von dem New Yorker Reformrabbi Mordecai Kaplan eingeführt. Heute wird in vielen, auch orthodoxen Gemeinden neben Bar-Mizwa auch Bat-Mizwa gefeiert.

Bildkarten: Passahspeisen

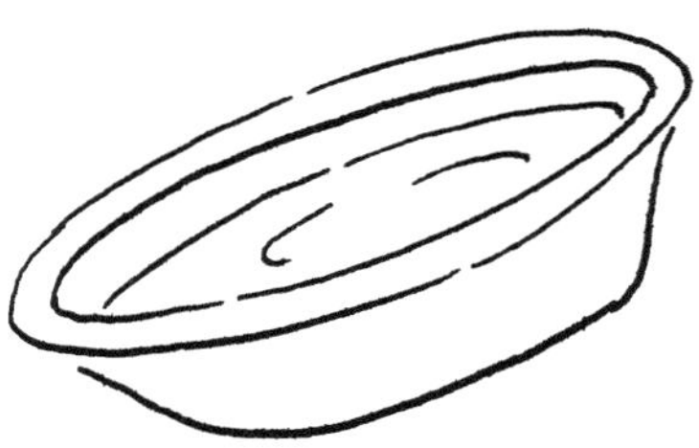

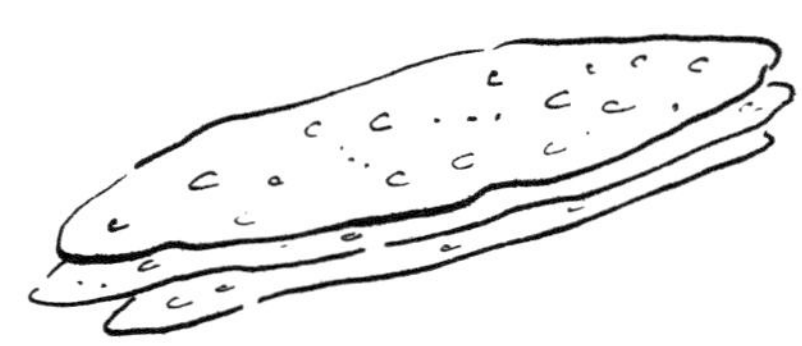

Drei Mazzen, zwei als Brotersatz und eine als Zeichen der Freude, werden in ein Tuch eingeschlagen und auf den Tisch gelegt. *Deutung:* Der Brotteig musste wegen der eiligen Flucht ungesäuert bleiben.	Ein Schälchen **Salzwasser** *Deutung:* In der ägyptischen Knechtschaft vergossen die Israeliten viele Tränen.	**Bitterkräuter:** Meistens wird eine Meerrettichwurzel benutzt. *Deutung:* Erinnerung an das bittere Leiden in Ägypten.
Gemüse wie Sellerie, Gurken, Petersilie oder Salat. Sie werden in Salzwasser getaucht und dann gegessen. *Deutung:* Das einfache Gemüse erinnert an die karge Mahlzeit in der Gefangenschaft.	**Fruchtmus** aus Äpfeln, Mandeln, Rosinen und Zimt mit einem Schuss Wein. *Deutung:* Erinnerung an den Mörtel, den die Israeliten herstellen mussten; oder: Erinnerung an den Lehm, aus dem die Ziegelsteine geformt werden mussten.	**Wein(kelch):** Es werden mehrere Kelche verwendet, die verschiedene Bedeutungen haben. Bis auf einen sind alle gefüllt. *Deutung:* Wein hat die Farbe des Blutes und ist Zeichen für das Leben. Der leere Kelch ist für den Propheten Elia bestimmt. Wenn Elia kommt, wird Friede auf der ganzen Welt sein.
(gerösteter) Knochen: *Deutung:* Erinnerung an die Opferlämmer, die geschlachtet wurden, als es den Tempel noch gab; oder: Erinnerung an den starken Arm Gottes, mit dem er sein Volk führte.	**Ei** = jüdisches Trauersymbol. Es erinnert an die Zerstörung des Tempels. *Deutung:* Das Ei ist ein Doppelsymbol: Es steht für verhindertes Leben und gleichzeitig für werdendes Leben. Es sagt: Das Leben wird sich durchsetzen, und der Tempel wird eines Tages wieder aufgebaut werden.	**Leuchter** *Deutung:* Das Licht erinnert an Gott, der das Licht erschaffen hat, und dem wir unser Leben verdanken.

Mutter fegt und putzt in den Tagen vor dem Fest das ganze Haus. Jede Ecke wird gesäubert, denn es darf kein Krümelchen von gewöhnlichem Brot im Haus sein. In der Passa-Zeit dürfen wir nämlich nur ein ganz besonderes Brot essen, ein Brot, das ohne Sauerteig und Hefe gebacken wird. Wir nennen es Mazzen. Das Fest beginnt mit dem Seder-Abend. Das Wort „Seder" heißt „Ordnung" und weist daraufhin, dass der Abend nach einer festgelegten Ordnung abläuft. Der Seder-Abend ist für uns so schön wie für euch der Heilige Abend. Wir ziehen uns deshalb auch besonders feierlich an. Auf dem Tisch brennen Kerzen. Mutter hat Geschirr gedeckt, das wir sonst das ganze Jahr nicht benutzen. Ein Platz mit einem besonders schönen Weinkelch bleibt den ganzen Abend frei. Er ist für den Propheten Elia bestimmt. Wir glauben nämlich: Wenn Elia kommt, wird Friede auf der ganzen Erde. In der Mitte des Tisches steht eine Platte. Darauf liegen ein gerösteter kleiner Knochen mit etwas Fleisch daran, Bitterkräuter, Petersilie; dann stehen da noch ein Schälchen mit Salzwasser und eine kleine Schüssel mit bräunlichem Brei aus süßen Äpfeln, Mandeln, Rosinen, Zimt und etwas Wein. Außerdem liegen auf dem Tisch Mazze und ein gekochtes Ei.

Zuerst trinken wir alle einen Becher Wein, wenn Vater über seinem Becher einen Lobpreis für Gott gesprochen hat. Danach gießt er aus einem Krug Wasser über seine Hände. Dann spricht er einen Lobpreis über einer Mazze und bricht sie durch. Die eine Hälfte verteilt er an uns, die andere braucht er am Ende der Feier. Dann wird er das Dankgebet darüber sprechen. Wir Kinder passen genau auf, wo er sie hinlegt. Du wirst noch sehen, warum.

Bevor wir den zweiten Becher Wein trinken, muss ich Vater Fragen stellen.

Immer der Jüngste muss fragen: Was unterscheidet diese Nacht von allen anderen Nächten?

- Wir essen sonst gewöhnliches Brot. Warum essen wir in dieser Nacht ungesäuertes Brot?
- Wir essen an allen Tagen Gemüse und Salat. Warum essen wir in dieser Nacht bittere Kräuter?
- Warum tauchen wir in dieser Nacht Petersilie in Salzwasser? Wir tun das sonst nie.
- Warum sitzen wir heute – anders als sonst – angelehnt?

Als Antwort erzählt Vater eine Geschichte: „Sklaven waren unsere Vorfahren im Lande Ägypten. Der Pharao bedrückte sie hart. An diese bittere Zeit denken wir, wenn wir jetzt die Bitterkräuter essen, und an die vielen Tränen, wenn wir die Petersilie in Salzwasser tauchen. Wir denken so daran, als wenn wir selbst dabeigewesen wären. Wir mussten Ziegel aus braunem Lehm formen. An diesen Lehm erinnert uns der braune Brei. Gott schickt einen Mann zum Pharao, den Mose. Mose sagt immer wieder zum Pharao: „Gott will, dass du sein Volk freilässt." Aber der Pharao hörte nicht auf Mose. Da sagte Mose uns Bescheid: „Heute Nacht haltet euch bereit. Jede Familie soll ein Lamm schlachten und in dieser Nacht aufessen. Das Blut des Lammes streicht an die Pfosten eurer Haustüren. In jedem Haus, an dem kein Blut zu sehen ist, wird ein furchtbares Unglück geschehen." Wir taten das. Alle Ägypter traf in dieser Nacht ein harter Schlag: In jeder Familie starb der älteste Sohn. Da merkten die Ägypter: Das ist Gottes Strafe. Sie bekamen schreckliche Angst. Jetzt konnten wir fort. Wir hatten unsere Sachen gepackt und den Wanderstab schon in der Hand. Ganz schnell musste es nun gehen! Damit wir unterwegs zu essen hätten, nahmen wir in Schüsseln und in Tücher gehüllt den rohen Brotteig mit, der noch nicht mit Sauerteig vermischt war. Wenn wir eine Pause machten, müde und hungrig, dann backten wir uns aus dem Teig Brote und aßen sie. Es waren ungesäuerte Brote, Mazzen. Seitdem essen wir immer, wenn wir an Passah an den Auszug aus Ägypten denken, ungesäuerte Brote. Der Knochen da auf der Schüssel, der erinnert uns an das Lamm, das unsere Väter damals geschlachtet und gegessen hatten. Wir lehnen uns beim Essen an weiche Kissen, weil wir jetzt frei wie Könige leben können, denn Gott hat uns aus der Sklaverei befreit. Das Ei schließlich zeigt, dass unser Leben neu beginnt. Gleichzeitig erinnert es uns an die Opfer, die man Gott einst im Tempel brachte."

Dann gibt es das Festessen. Den ganzen Abend wird gegessen und getrunken, erzählt und gesungen. Wenn wir fröhlich miteinander feiern, machen wir Kinder noch einen besonderen Spaß: Wir verstecken die übrige Hälfte von der Mazze, die Vater am Anfang zerbrochen hatte. Dann muss Vater suchen. Das Fest kann ja nicht aufhören, bevor Vater das Dankgebet über diesem Stück Brot gesprochen hat. Wir verstecken es so gut, dass er es nicht finden kann. Wir geben es ihm wieder, wenn er uns verspricht, etwas Schönes zu schenken. Das macht Spaß!

1 Trage in die Lücken die richtigen Begriffe ein.

Sauerteig – Lehmziegel – Lamm – ungesäuertes Brot – Auszug aus Ägypten – Tränen – bittere Zeit – Leben – Fruchtmus

Das Passafest erinnert die Juden bis heute an den ____________________ .

Bei der festlichen Feier zu Hause fragt der Jüngste, warum diese Nacht anders ist als andere Nächte. Er fragt auch, was die Speisen bedeuten, die in einer Schüssel liegen. Der Vater antwortet: Er erzählt die Geschichte vom Auszug aus Ägypten und erklärt die Bedeutung der Speisen.
Der Knochen erinnert an das ____________ , das die Israeliten schlachteten und aßen.

Mazze ist ____________________ . Es erinnert daran, dass den Juden beim eiligen Auszug aus Ägypten keine Zeit blieb, das Brot mit ____________ zu säuern.

Das Bitterkraut lässt an die ____________ der Sklaverei denken.

Das braune ________________ hat dieselbe Farbe wie die ____________ , die die Israeliten in Ägypten formen mussten. Das Schälchen mit Salzwasser erinnert an die ____________ , die die jüdischen Mütter und Kinder in Ägypten weinten. Das Ei schließlich zeigt, dass unser ____________ neu beginnt, frei von der Sklaverei.

2 Schreibe zu jedem Gegenstand den richtigen Begriff.

Matzen – Ei – Knochen – Petersilie – Leuchter – Bitterkräuter – Salzwasser – Fruchtmus – Wasser – Wein

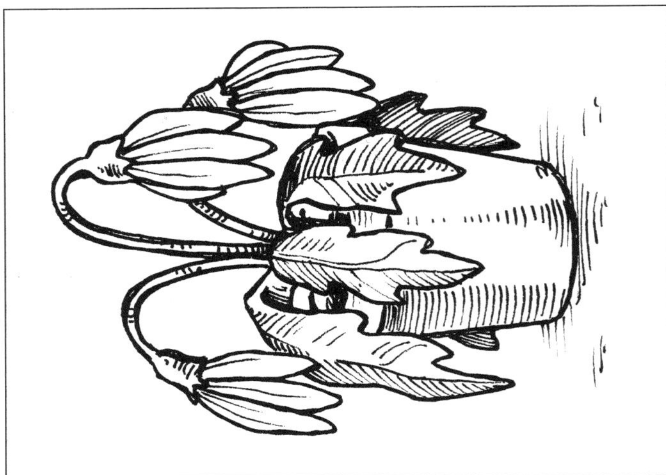
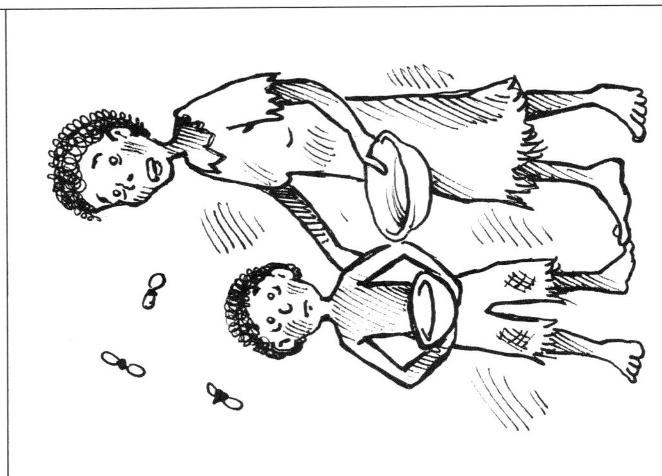
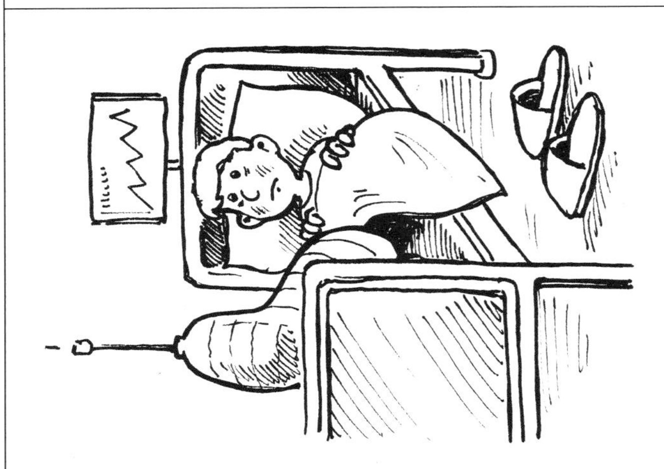
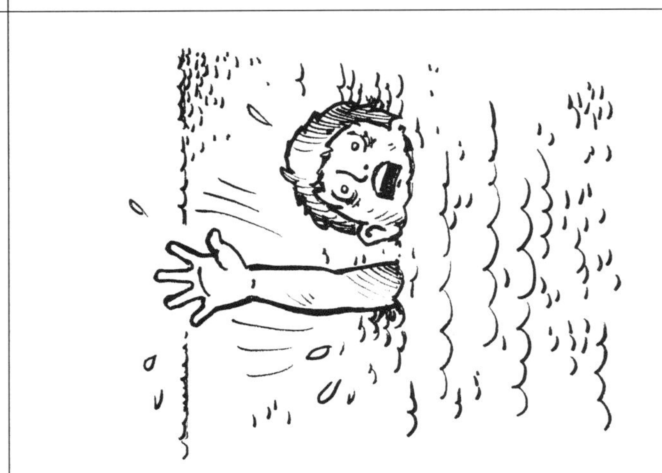

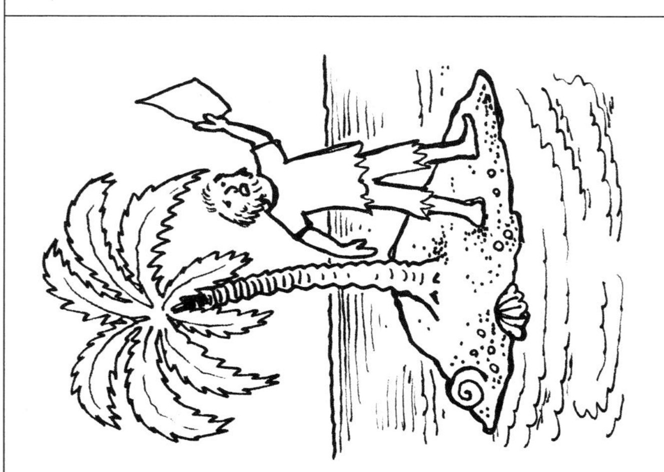

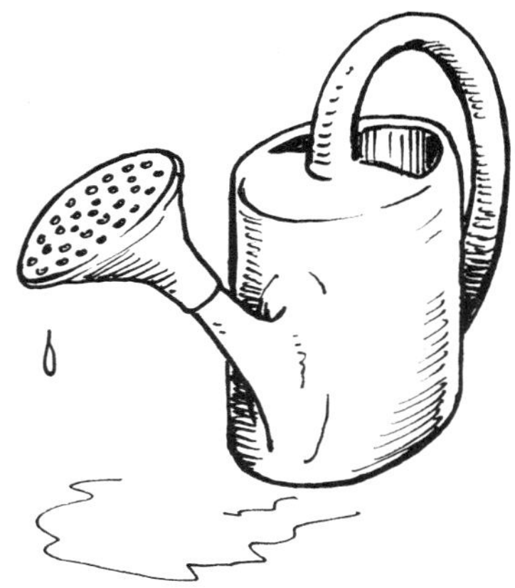
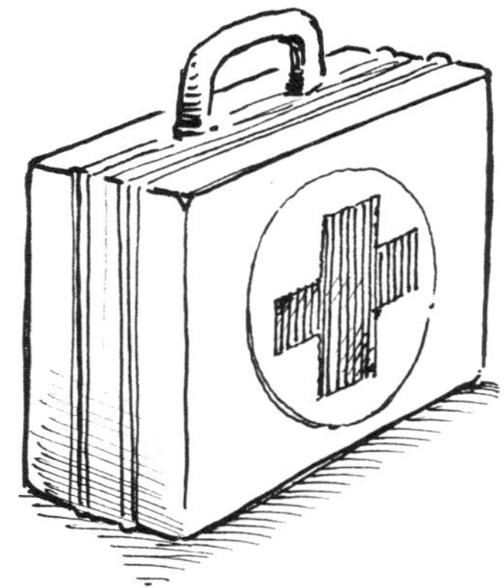

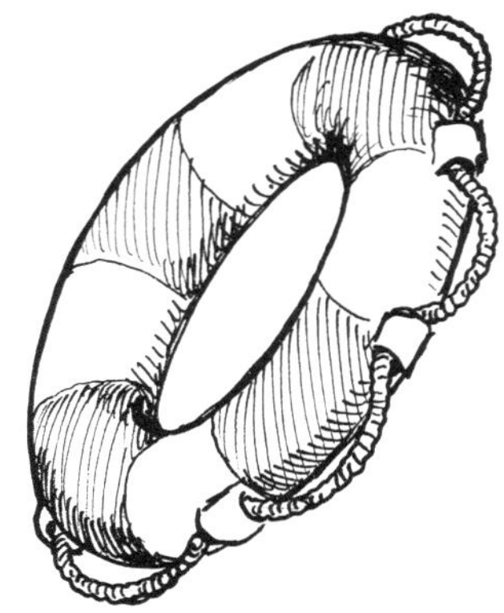

REIS
MAIS

100
50

Benno
Gips
Beinstraße 11
Kreiskrankenhaus
22231 Musterstadt

Die gekrümmte Frau

KV 2.11

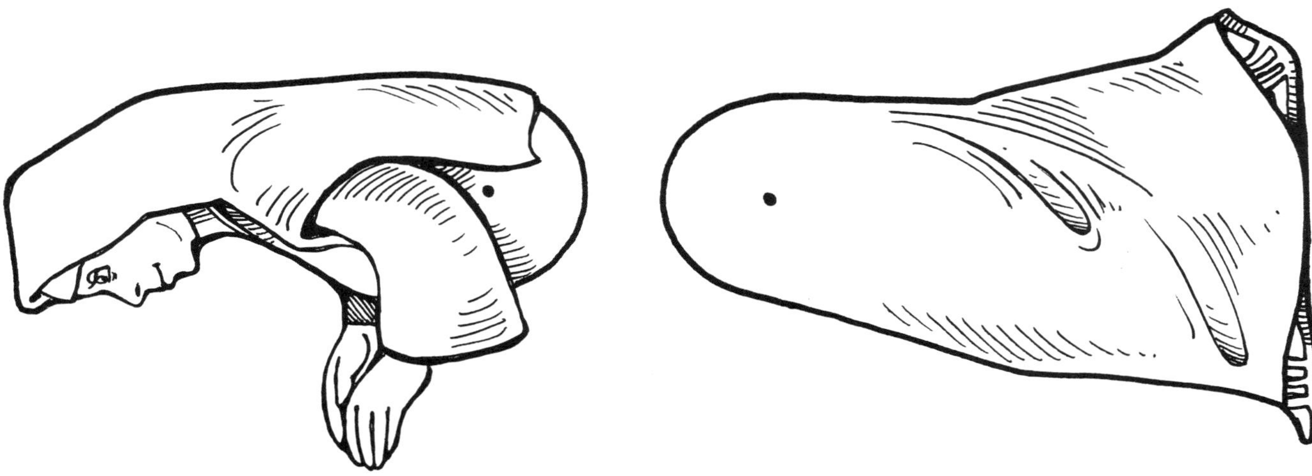

Zachäus-Figur

KV 2.12

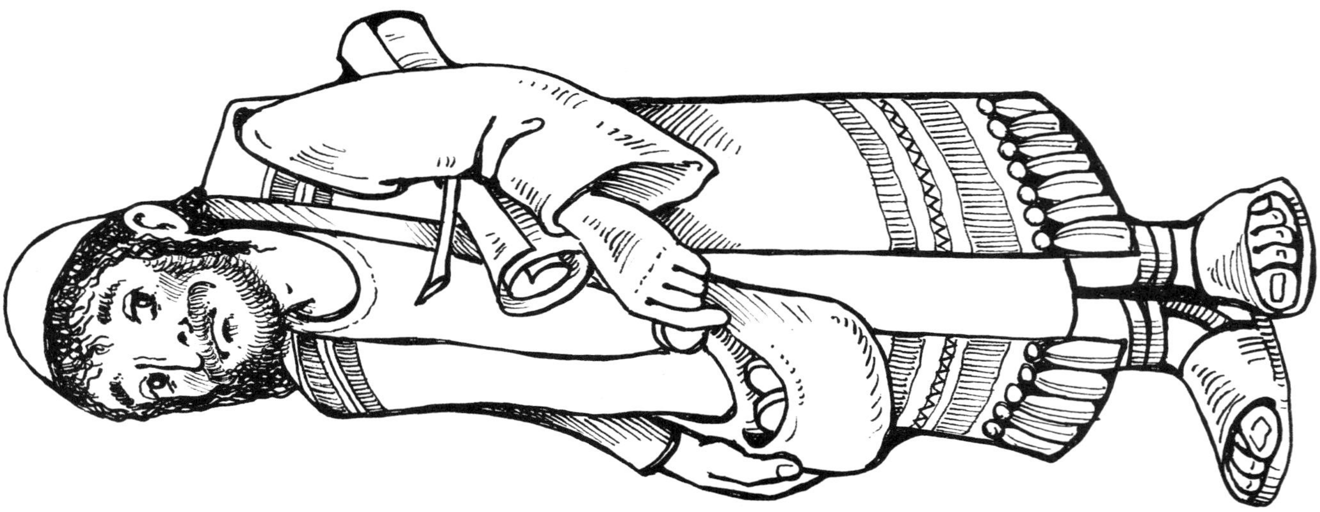

Vater und Sohn

KV 2.14

Papierohr

KV 2.15

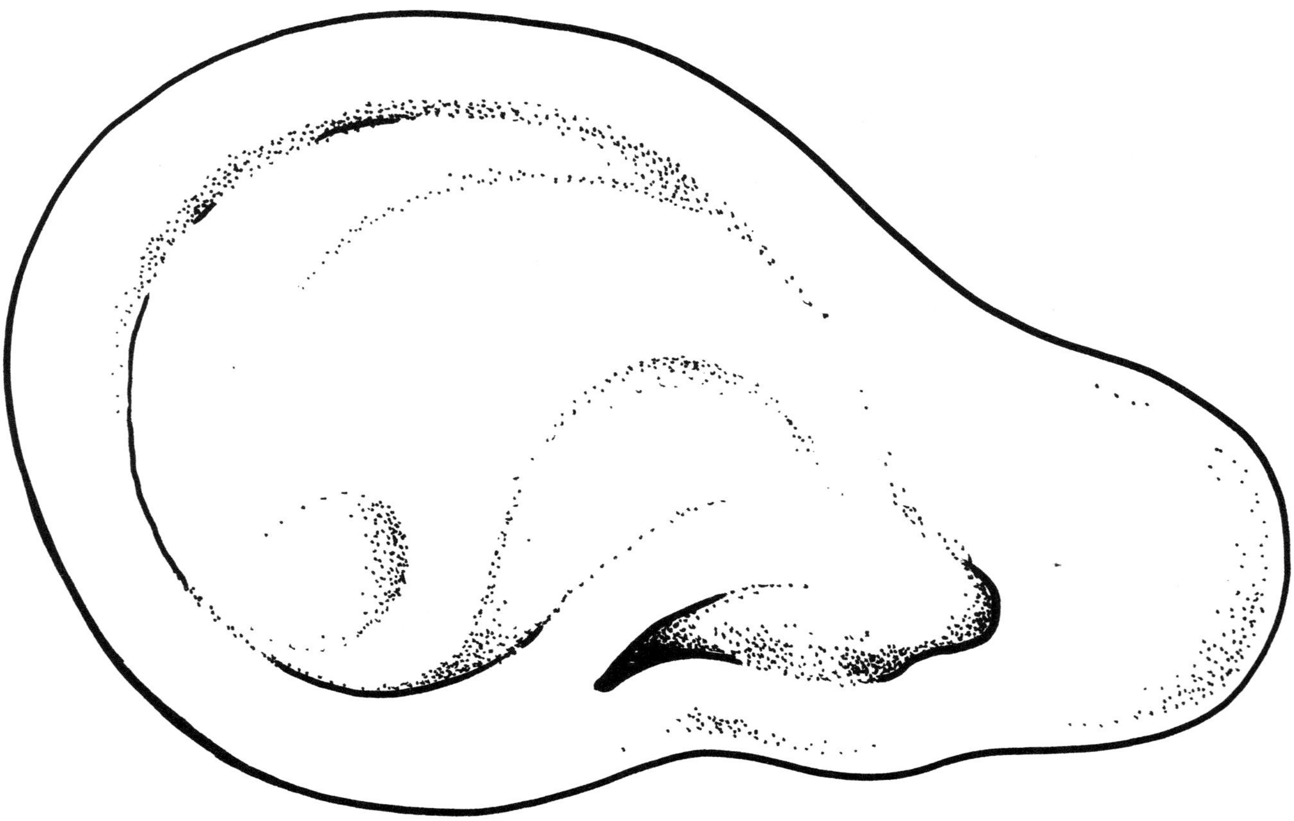

Klappbild: Das letzte Abendmahl

KV 2.16

Ausschneiden ✂ hier ins Heft kleben Figuren hochklappen

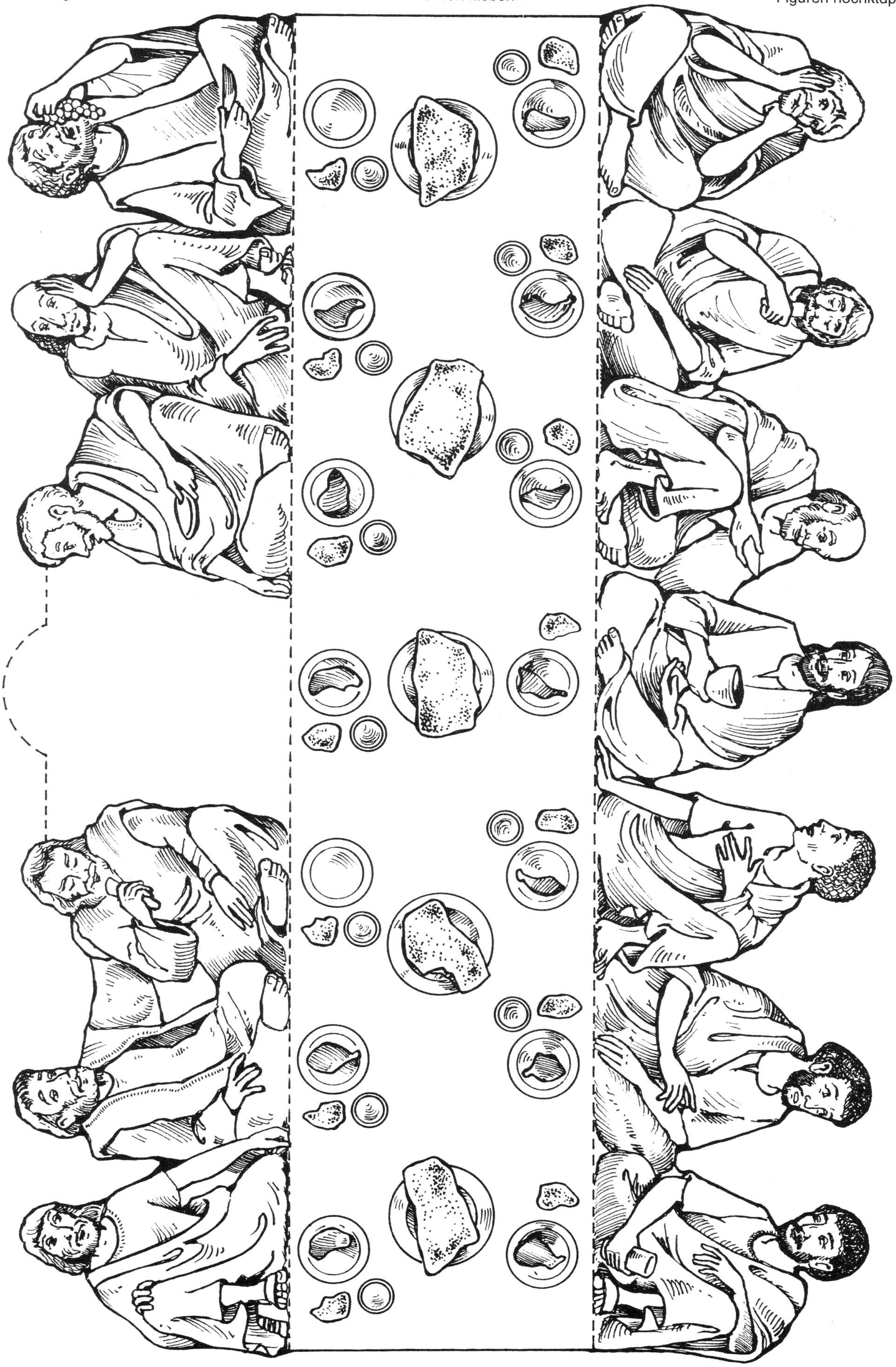

Jesus

Hahn-Puzzle

KV 2.18

Petrus-Figur

KV 2.19

Der Hahn ist für uns heute ein Zeichen für

____

Zeichne den Kirchturm, auf dessen Spitze der Hahn zu sehen ist.

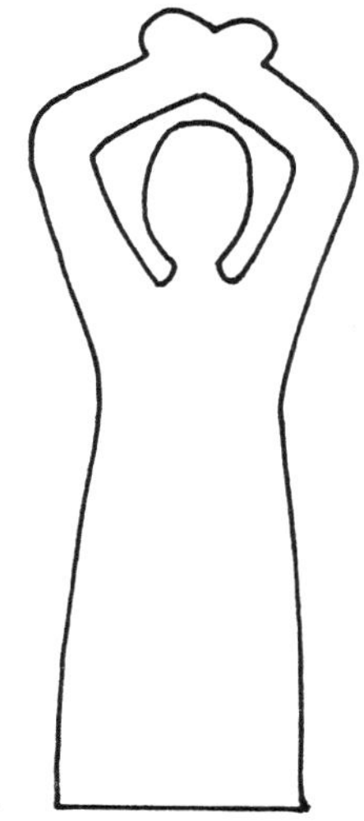

Christ ist erstanden **KV 2.22**

1. Christ ist erstanden von der Marter alle.
Die Kinder richten sich langsam auf.

Des solln wir alle froh sein.
Christ will unser Trost sein.
Er wird durchgefasst und alle bewegen sich nach rechts.

Kyrieleis.
Handfassung lösen.
Alle verneigen sich zur Mitte.

2. Wär er nicht erstanden.
Alle gehen langsam in die Hocke.

So wär die Welt vergangen.
In der Hocke wird der Kopf auf die verschränkten Arme gelegt.

Seit dass er erstanden ist,
Alle richten sich wieder auf.

so loben wir den Vater Jesu Christ'.
Den Rhythmus klatschen.

Kyrieleis.
Alle verneigen sich zur Mitte (zum Kreuz des Bodenbildes).

3. Halleluja. Halleluja. Halleluja.
Handfassung, der Kreis bewegt sich nach rechts.

Des solln wir alle froh sein.
Christ will unser Trost sein.
Nach links im Kreis gehen, dabei Handfassung lösen und klatschen.

Kyrieleis.
Zur Mitte verneigen.

Im Raum verteilt stehen die S zunächst ruhig und einzeln da. Einige Schüler stehen mit der L am Rande. Die L hat die Kinder in kurzen Sätzen eingestimmt und die Rollen kurz skizziert. (Die einen Kinder sind Weizenkörner, die anderen Wind, Sonne und Regen.) Um allen die Erfahrung zu ermöglichen, wird die Übung zweimal mit wechselnden Rollen durchgeführt.

Der Beginn wird mit einem Triangelton markiert. Kursiv Gedrucktes spricht L.

Mit einer weiten Handbewegung deutet L das Aussäen an.

Ihr seid Weizenkörner, Samenkörner. Der Sämann wirft euch über das Feld. Ihr werdet klein, kauert euch am Boden, als wolltet ihr in die Erde kriechen und schließt die Augen.

Musik

Regen fällt, Erde hüllt euch ein. Ihr spürt den Regen, wenn ihr leise angerührt werdet.
Eure Mitschüler sind der Regen.
(L nickt den S am Rande auffordernd zu)

Musik – Schüler gehen umher und streichen sanft über die am Boden Kauernden.

Sonne scheint. Sie wärmt euch. Eure Mitschüler sind die Sonne

Musik – Schüler gehen nochmals umher und streichen sanft über die am Boden Kauernden.

Neugierig hebt ihr ein wenig den Kopf. Ihr spürt die Sonne, die euch auf die Schultern streichelt. Eure Mitschüler sind die Sonne.

Musik

Langsam, behutsam richtet ihr euch auf, wachst ... die Hände noch am Körper anliegend.

Musik

Nun streckt ihr die Hände nach oben, öffnet die Augen.

Musik

Wind streicht sanft an euch vorbei. Ihr spürt, wie ihr leicht bewegt werdet.
Eure Mitschüler sind der leise Wind

Musik

Korn, das in die Erde, in den Tod versinkt,
Keim, der aus dem Acker in den Morgen dringt –
Liebe lebt auf, die längst erstorben schien:
Liebe wächst wie Weizen, und ihr Halm ist grün.

Katharina war eine Königstochter im Ägypterland. Sie lebte vor langer, langer Zeit in der Stadt Alexandria. Damals herrschte dort der Kaiser von Rom. Er hieß Maxentius und war der mächtigste Mensch auf der ganzen Erde.
Eines Tages besuchte er seine Stadt Alexandria. Er ließ Katharina zu sich kommen. Sie sollte ihm von Jesus erzählen. Er hatte nämlich erfahren, dass sie eine Christin war.
Katharina kannte viele Jesusgeschichten. Der Kaiser hörte gespannt zu. Ihm gefiel das, was Jesus unter den Menschen getan hatte. Alle seine Ratgeber wunderten sich darüber. Der Kaiser hatte nämlich die Christen verfolgt. Viele waren auf seinen Befehl getötet worden.
Katharina erzählte vom Leben Jesu, von seinem Sterben und schließlich auch, dass er von den Toten auferstanden ist.
„Von den Toten auferstanden?", fragte der Kaiser verblüfft. Katharina nickte.
Da lachte der Kaiser laut auf und rief: „Das will ich dir nur glauben, wenn du aus einem Stein neues Leben erwecken kannst."
Katharina ging betrübt davon. Aber dann kam ihr ein Gedanke. Sie kaufte von einem Bauern ein beinahe ausgebrütetes Entenei. Damit ging sie am nächsten Tag zum Kaiser.
„Na, willst du es versuchen?", spottete der. Sie hielt ihm das Ei entgegen. Die junge Ente riss einen Spalt in die Schale. Der Kaiser schaute geduldig zu, wie das kleine Tier sich aus dem Ei befreite. Der Spott wich aus seinem Gesicht.
„Scheinbar tot", sagte Katharina.
„Scheinbar tot und doch Leben." Es heißt, dass der Kaiser sehr nachdenklich geworden ist. So ist das Ei zum Osterei geworden, ein Zeichen für das, was kein Mensch begreifen kann:
Christus ist auferstanden. Wahr und wahrhaftig, er ist auferstanden.

Von Willi Fährmann

Der Josef hat viel mitgemacht

Text: Rolf Krenzer, Melodie: Peter Janssens

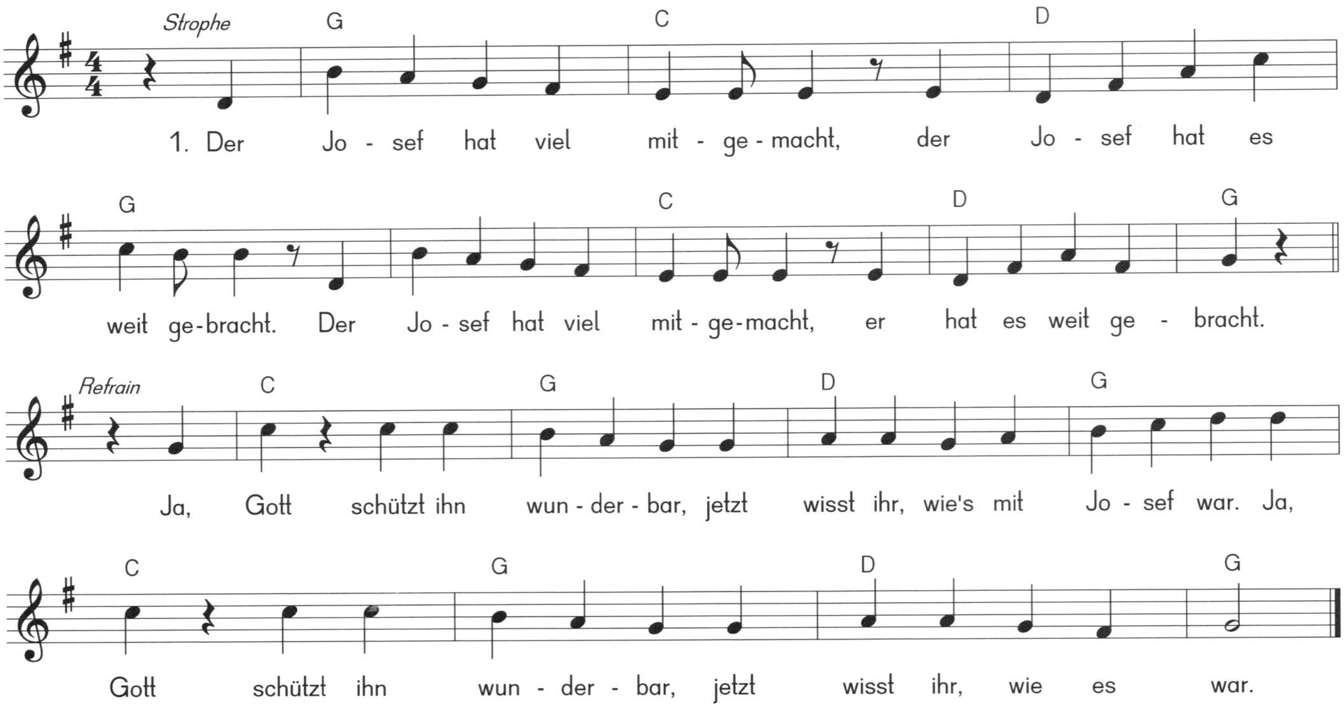

2. Der Josef hat viel mitgemacht, verkauft, ins fremde Land gebracht. Der Josef hat viel mitgemacht, ins fremde Land gebracht. Ja, Gott schützt ihn wunderbar ...

3. Man sperrt ihn ins Gefängnis ein, doch Gott ließ niemals ihn allein. Man sperrt ihn ins Gefängnis ein, Gott ließ ihn nicht allein. Ja, Gott schützt ihn wunderbar ...

4. Er gab ihm Liebe, Mut und Kraft. So hat es Josef dann geschafft. Er gab ihm Liebe, Mut und Kraft. So hat er es geschafft. Ja, Gott schützt ihn wunderbar ...

5. Ein angesehner, feiner Mann war Josef in Ägypten dann. Ein angesehner, feiner Mann, das war der Josef dann. Ja, Gott schützt ihn wunderbar ...

6. Und als im Land herrscht Hungersnot, gibt Josef jedem Korn für Brot. Und als im Land herrscht Hungersnot, gibt Josef Korn für Brot. Ja, Gott schützt ihn wunderbar ...

7. Auch seine Brüder kommen jetzt, die ihn verkauft und so verletzt. Auch seine Brüder kommen jetzt, die ihn so sehr verletzt. Ja, Gott schützt ihn wunderbar ...

8. Doch Josef hat nicht rumgeschrien, er hat den Brüdern bald verziehn. Doch Josef hat nicht rumgeschrien, er hat sehr bald verziehn. Ja, Gott schützt ihn wunderbar ...

9. Er sagt: „Ist erst mein Vater hier, dann lebt ihr allezeit bei mir!“ Er sagt: „Ist erst mein Vater hier, lebt ihr mit ihm bei mir!“ Ja, Gott schützt ihn wunderbar ...

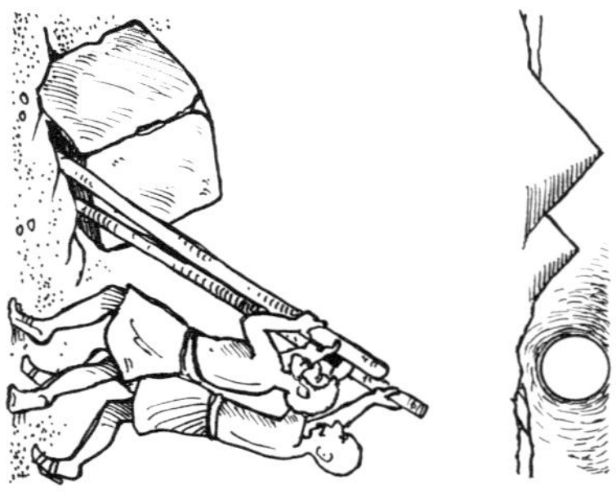

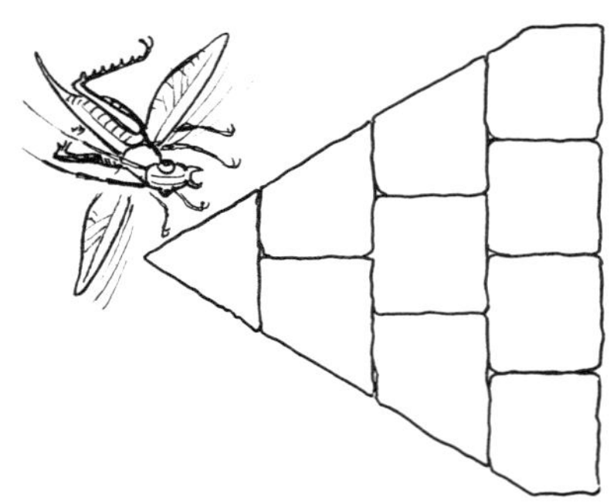

Mose-Buch – Faltanleitung

KV 3.2b

Die Vorlage (KV 3.2a) wird quer auf den Tisch gelegt.

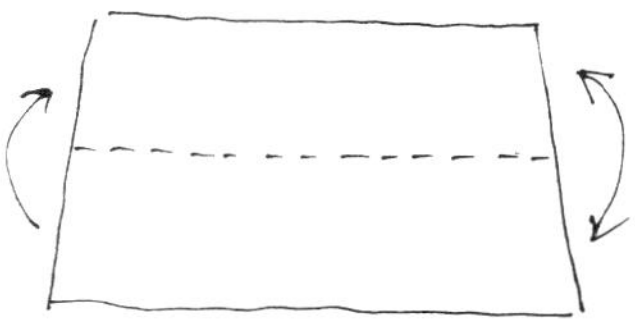

Das Blatt wird der Länge nach in der Mitte gefaltet und wieder aufgeklappt.

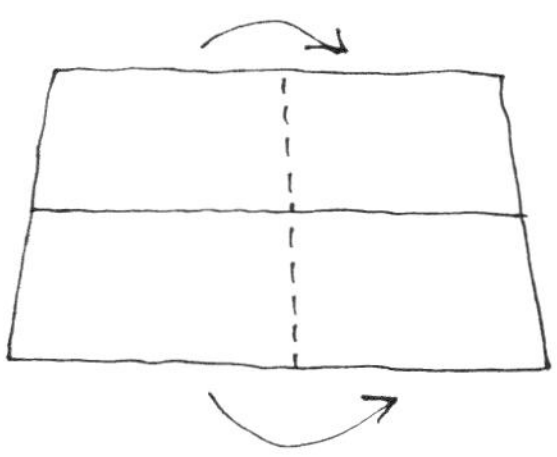

Anschließend wird es der Breite nach in der Mitte gefaltet und wieder aufgeklappt.

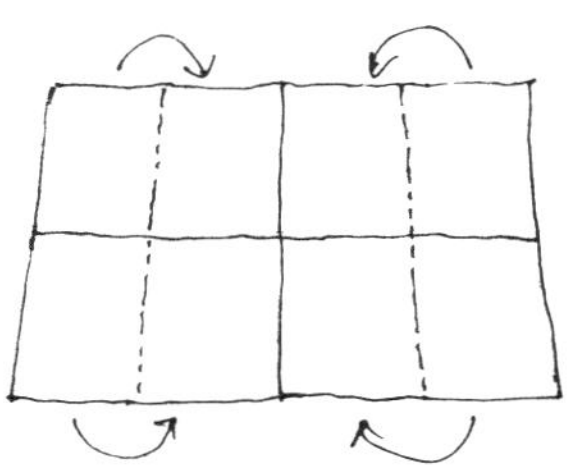

Die beiden Längsseiten werden zur Mitte gefaltet und wieder aufgeklappt, sodass 8 gleich große Felder entstehen.
Die in der Skizze schwarzgefärbte Linie wird eingeschnitten.

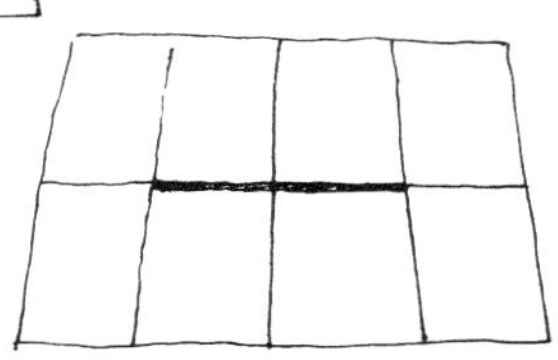

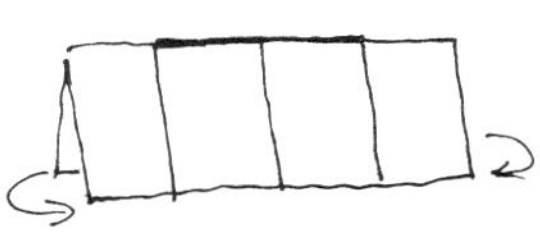

Das Blatt wird der Länge nach in der Mitte zusammengefaltet, sodass nur noch 4 Felder zu sehen sind. Die eingeschnittene Seite liegt oben.

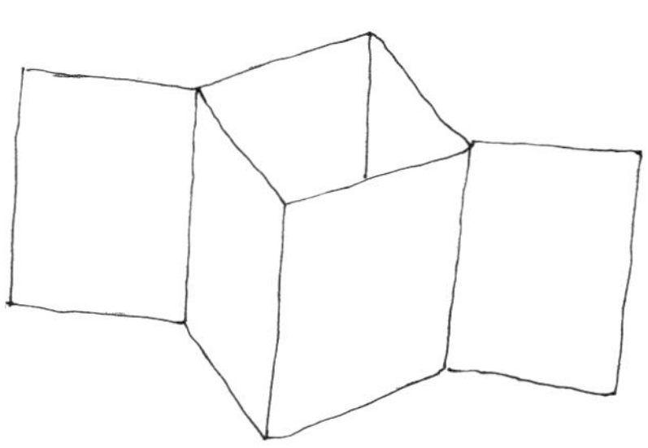

Die linke und rechte Doppelseite werden festgehalten und zur Mitte (zukünftige Buchmitte) geschoben, sodass sich die beiden „inneren“ Doppelseiten aufschieben. Die Seiten werden nachgefaltet. Ohne Kleber entsteht ein Buch mit acht Seiten.

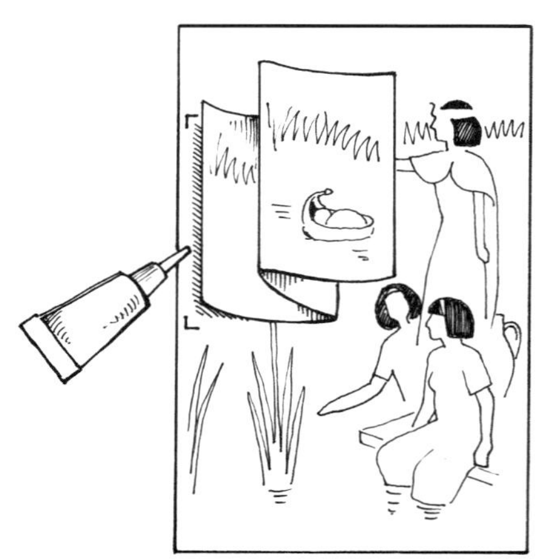

Lehrerheft „Vieles ist neu 2“

Miriam im Versteck

KV 3.4

hier falzen hier falzen

Hände

KV 3.5

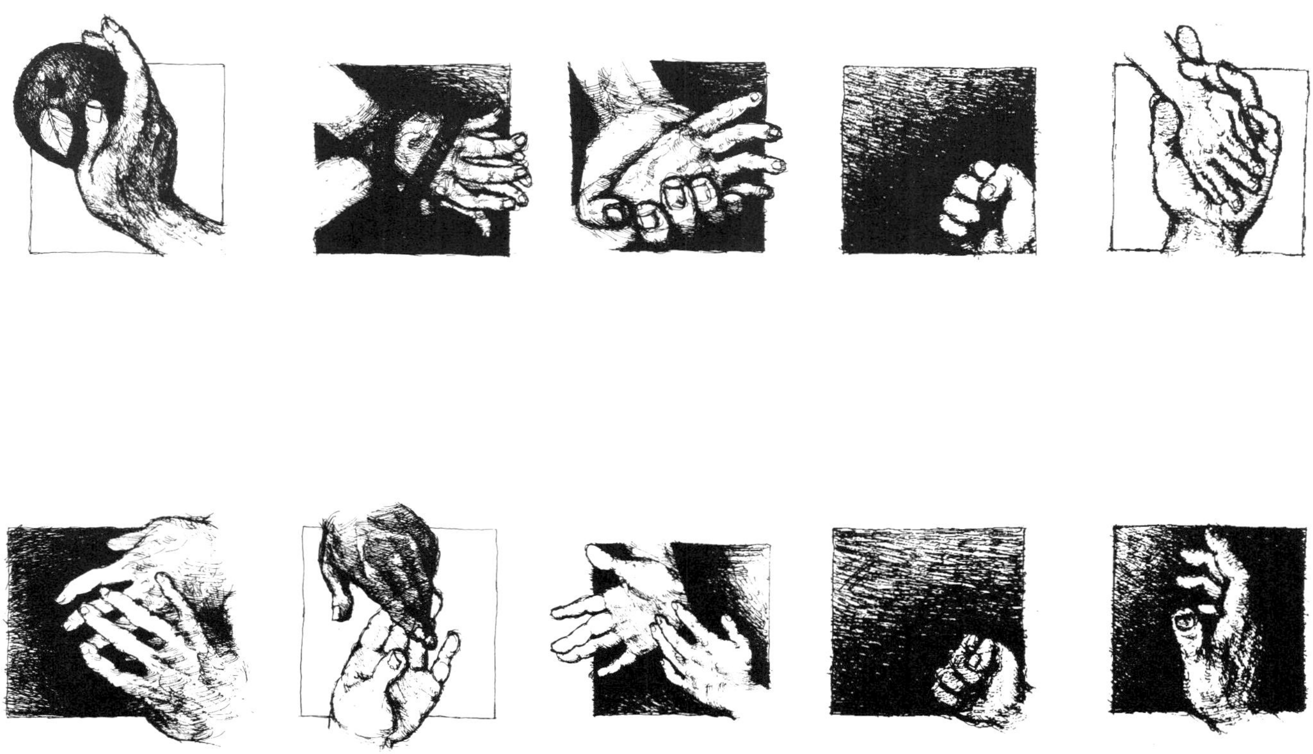

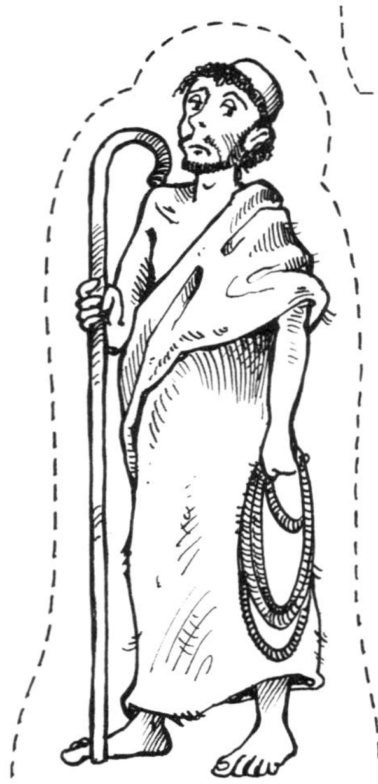

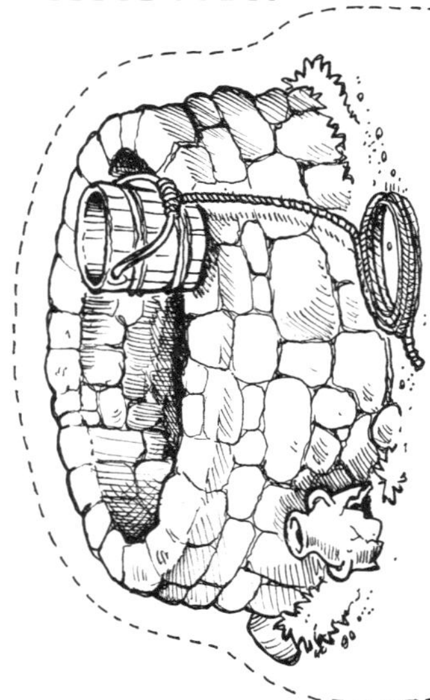

Handumriss

KV 3.7

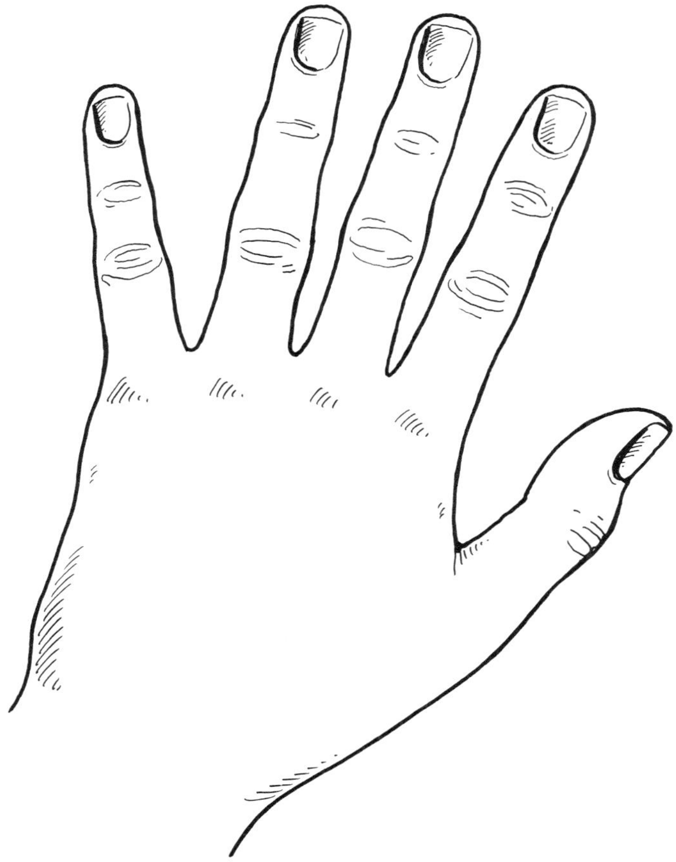

Argumente

KV 3.8

M – Wer bin ich?

O – Ich werde mit dir sein!

T T – Aaron wird dich begleiten. Nimm den Stab für die Zeichen mit!

O – Schicke doch einen Anderen!

N – Das Volk wird auf dich hören.

S – Was soll ich sagen, wer mich gesand hat?

E – Ich bin Gott.

U – Sie werden mir nicht glauben.

D – Ich kann nicht gut reden.

G – Ich will dich lehren was du sagen sollst!

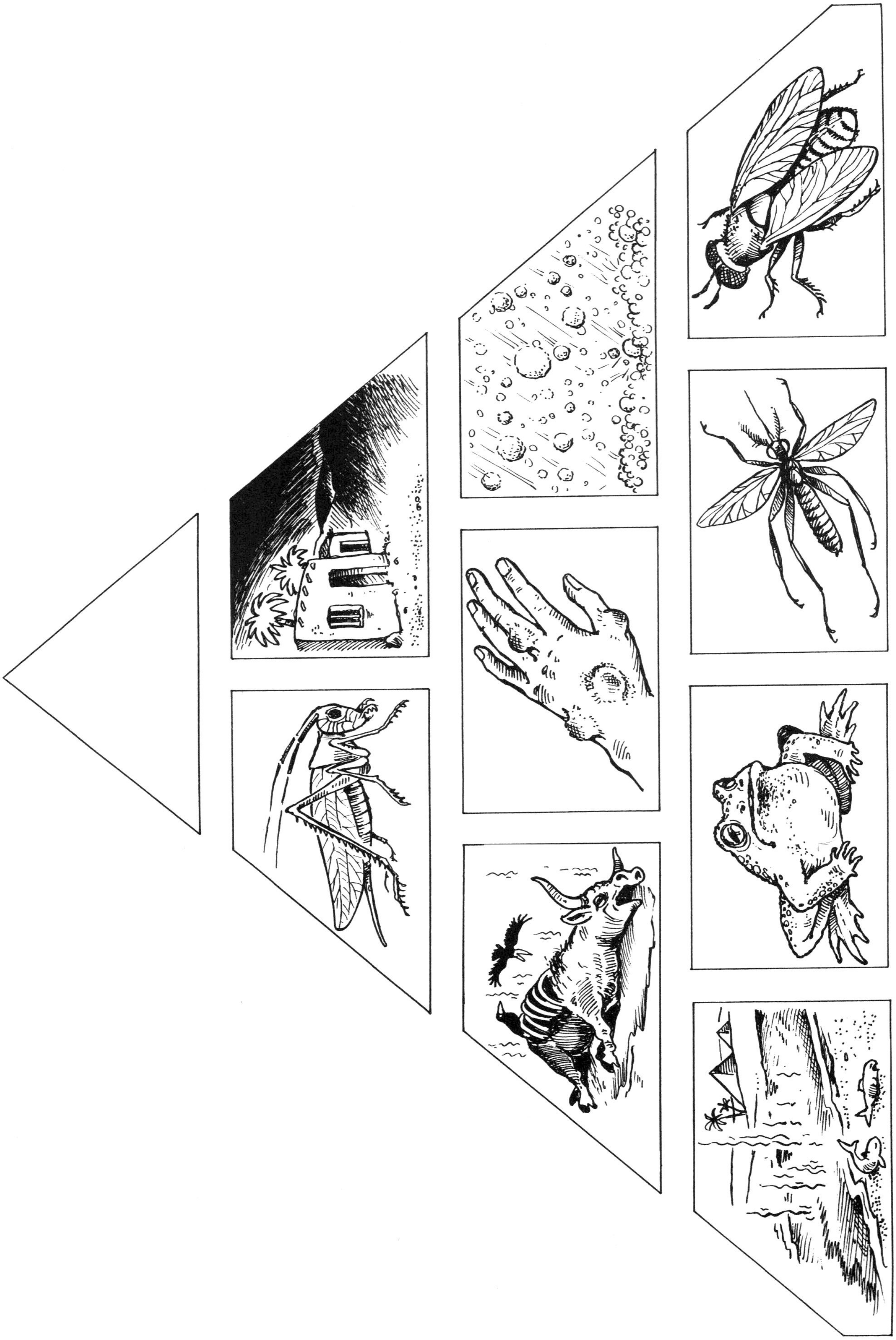

 erinnert an die Sklaverei	Fruchtmus	 erinnert an die Lehmziegel in Ägypten	Salzwasser
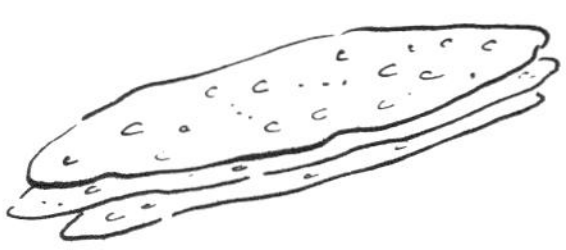 ungesäuertes Brot	Bitterkraut	ANFANG	Mazze
 Vor dem Aszug wurde ein Lamm geschlachtet	Ein Ei	 erinnert an die Tränen, die jüdische Mütter in Ägypten weinten	Lammknochen
Es erinnert an den Auszug aus Ägypten	ENDE	 Zeichen für neues Leben in Freiheit	Das Passahfest

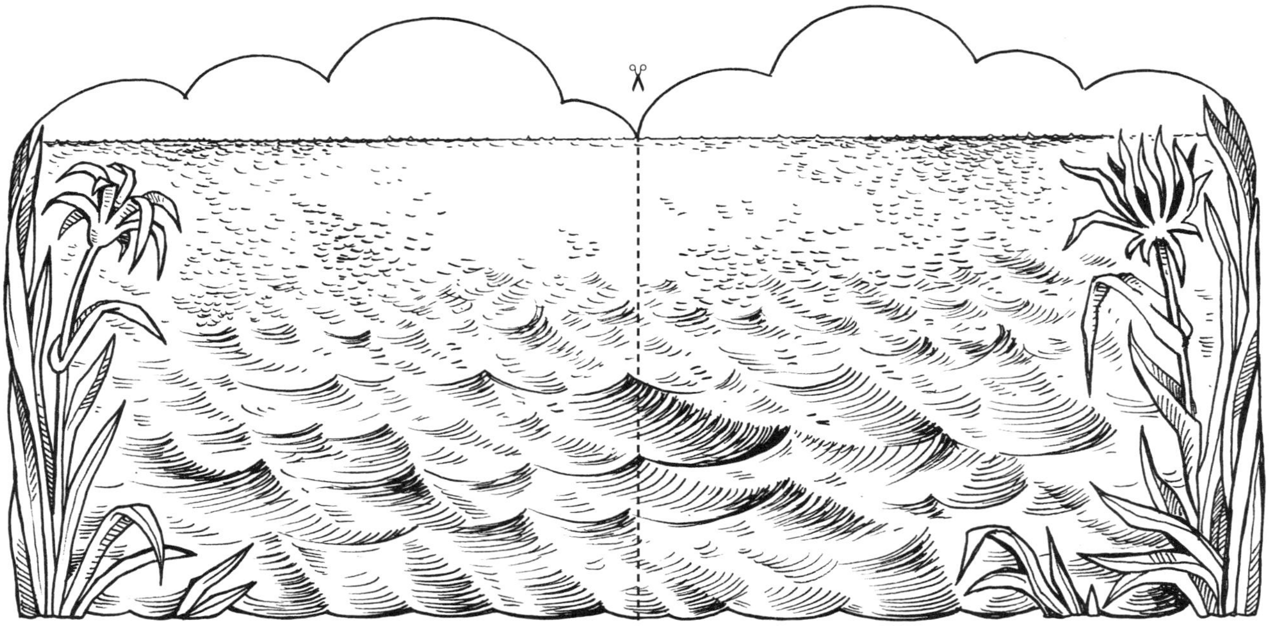

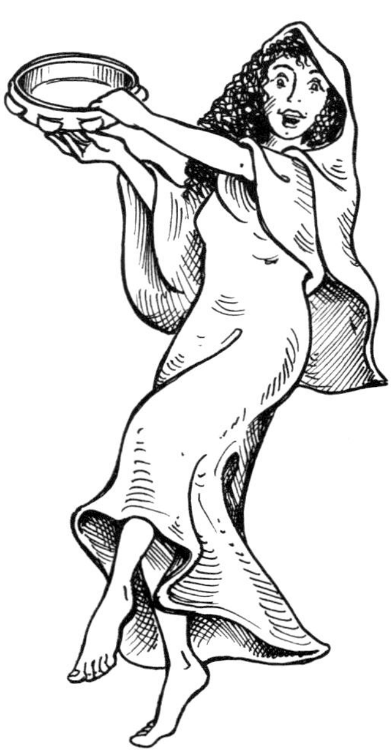

Mose hob den Stab

KV 3.12

Text und Melodie: Siegfried Macht

2. „Hört“, der Pharao
sprach, als er dies sah:
„Was der Sklave kann,
kann der Herrscher auch!
Schneller, schneller, schneller, schneller,
denn das Wasser kommt zurück!“

3. So befreite Gott aus Gefangenschaft.
Singt und tanzt dem Herrn,
der uns weiterführt.
Weiter, weiter, weiter, weiter,
durch die Wüste bis nach Haus!

Insbesondere wenn die tanzenden Kinder selbst (mit-)singen reicht für die bewegte Version die ständige Wiederholung der ersten Strophe.
Zwei Reihen stehen sich paarweise gegenüber und bilden eine Gasse; Abstand entsprechend der folgenden Schrittfolge etwa 8 Schritte.

Moses hob den Stab	4 Schritte im Tempo der Viertelnote auf den Partner zu, bereits mit dem Auftakt (Moses) beginnen.
und das Meer ging auf	4 Schritte rückwärts zum Platz zurück.
Die geflohen warn eilten schnell hindurch	Mit 8 Schritten, rechte Schulter an rechter Schulter vorbei, den Platz tauschen.
Schneller, schneller ...	Das erste Paar und anschließend die benachbarten Paare tanzen im Seitgalopp mit gefassten Händen durch die Gasse, während die anderen dazu klatschen. Es tanzen so viele Paare hindurch, wie es die Wiederholung erlaubt. Danach beginnt das Lied ohne Pause von

Evtl. können zusätzliche korrespondierende Bewegungen eingebaut werden. Zum Beispiel zu „Moses hab den Stab“ in der Reihe durchfassen und während des Aufeinanderzugehens die Hände erheben, beim Rückwärtsgehen wieder senken.

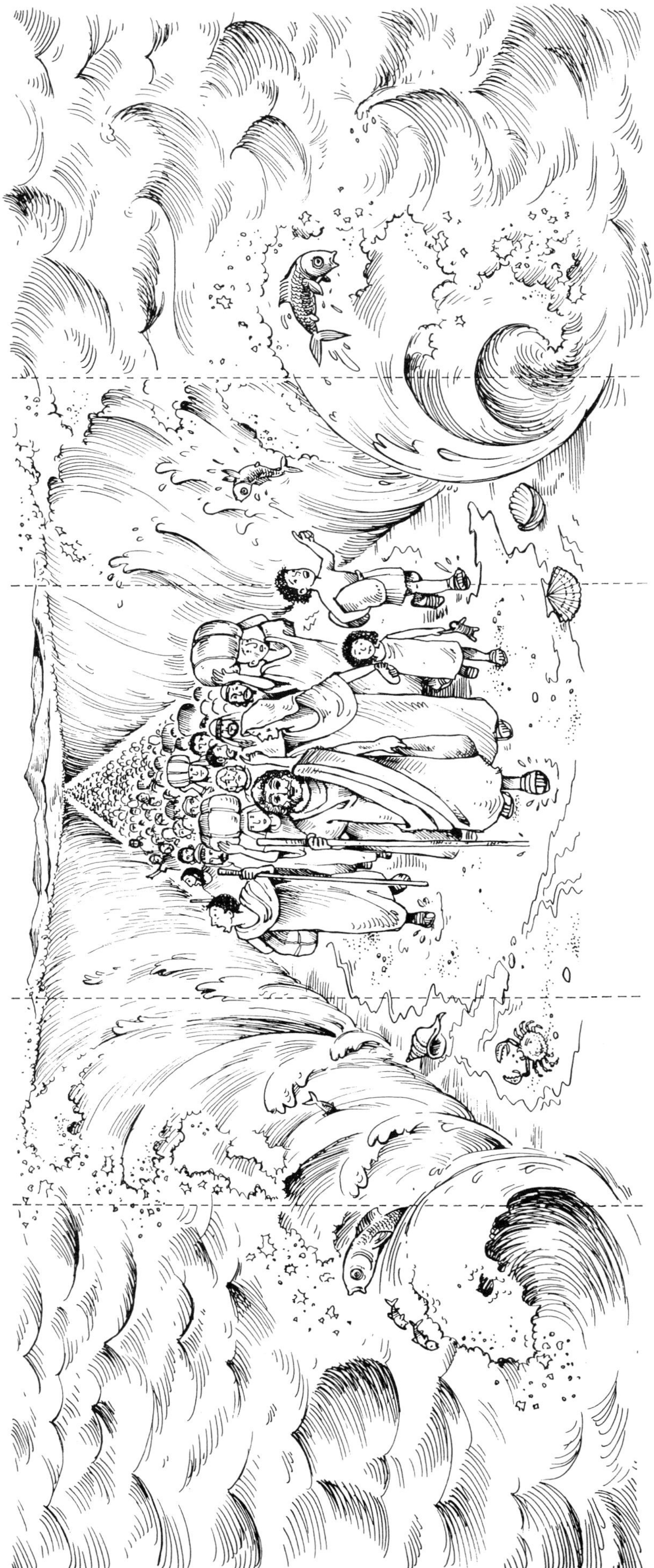

So zusammenfalten:

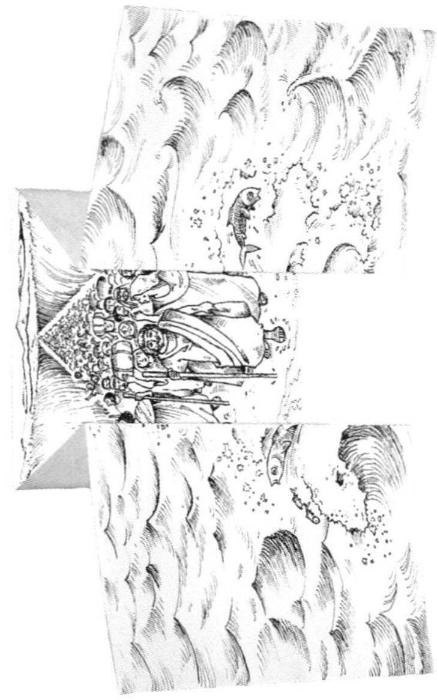

Stiergott

KV 3.14

Uhr

KV 3.15

Das kleine Wort

Text und Melodie: Martin Gotthard Schneider

2. Das kleine Wort ist scharf und spitz,
   es frisst sich in dich rein.
   (......)
   Wie sehr man doch einander kränkt,
   wenn man kein bisschen weiterdenkt.
   (......)

3. Man wischt das kleine Wort nicht aus
   so einfach eins-zwei-drei.
   (......)
   Da bleibt doch noch ein dummer Rest,
   der sitzt in deinem Herzen fest:
   (......)

4. Am liebsten hätt'st du dich gewehrt
   und wütend losgeschrien:
   (......)
   Wie kam das alles nur? Warum?
   Doch du bleibst still und leidest stumm:
   (......)

5. Vielleicht gibt es ein andres Wort,
   ein Wort, das helfen kann:
   (......)
   ein Wort, das nicht verletzt und trennt,
   ein Wort, das heilt, das Rücksicht kennt:
   (......)
   Sprich's aus, fang damit an.

Wörter für die Strophen 1–4: Schimpfwörter wie „Du Esel“ ...

Wörter für die Strophe 5: „Verzeih mir!“, „Ich mag dich.“ ...

Kleine schwarze Federn

KV 3.19

Einst hatte eine Frau über ihren alten Pfarrer eine hässliche Verleumdungsgeschichte aufgebracht, die schnell durch die ganze Gemeinde flog und weit über ihre Grenzen hin Unheil anrichtete. Als die Frau bald darauf schwer krank wurde, bereute und bekannte sie ihre Lügen. Nach ihrer Genesung ging sie zum Pfarrer und bat ihn um Verzeihung. „Gewiss verzeihe ich dir gern", sagte der alte Pfarrer freundlich, „aber weil du mir damals so weh getan hast, möchte ich dich jetzt um einen Gefallen bitten!"
„Gern", rief die Frau erleichtert. „Geh heim und schlachte ein schwarzes Huhn und rupfe ihm alle Federn aus, auch die kleinsten, und verliere keine davon. Dann lege die Federn in einen Korb und bringe sie zu mir." Die Frau dachte, dass es sich um einen alten Brauch handele, und tat, wie ihr geheißen war. Nach kurzer Zeit kam sie mit dem Körbchen voller schwarzer Federn wieder zum Pfarrer. „So", sagte dieser, „jetzt geh langsam durch das Dorf und streue alle drei Schritte ein wenig von den Federn aus und dann steige auf den Kirchturm, wo die Glocken hängen, und schütte den Rest dort oben auf das Dorf hinab. Dann komm wieder zu mir!"
Die Frau war nach einer Stunde wieder mit dem leeren Korb beim Pfarrer. „Schön", meinte der freundlich, „jetzt gehe durch das Dorf und sammle alle die ausgestreuten Federn wieder in dein Körbchen, aber sieh zu, dass keines fehlt!" Die Frau starrte den Pfarrer erschrocken an und sagte: „Das ist unmöglich! Der Wind hat die Federn in alle Richtungen zerstreut."
„Siehst du, so ist es auch mit deinen bösen Worten gegangen. Wer kann sie wieder einsammeln und zurücknehmen und ihre Wirkung ungeschehen machen? Denke an die kleinen schwarzen Federn, bevor du Worte ausstreust!"
So ist es mit vielen Geschichten gegangen, die wir über andere Menschen weitererzählt haben: Kleine schwarze Federn, die der Wind verweht. Wer kann sie wieder einsammeln und zurücknehmen? Darum lässt uns Gott sagen: „Du sollst nicht falsch Zeugnis reden wider deinen Nächsten!" (2. Mose 20,16).

Brille

KV 3.20

Vergiss es nie

Text und Melodie: Paul Janz, Übersetzung: Jürgen Werth

2. Vergiss es nie: Niemand denkt und fühlt und handelt so wie du,
und niemand lächelt so, wie du's grad tust.
Vergiss es nie: Niemand sieht den Himmel ganz genau wie du,
und niemand hat je, was du weißt, gewusst.

3. Vergiss es nie: Dein Gesicht hat niemand sonst auf dieser Welt,
und solche Augen hast alleine du.
Vergiss es nie: Du bist reich, egal ob mit, ob ohne Geld, denn du kannst leben!
Niemand lebt wie du.

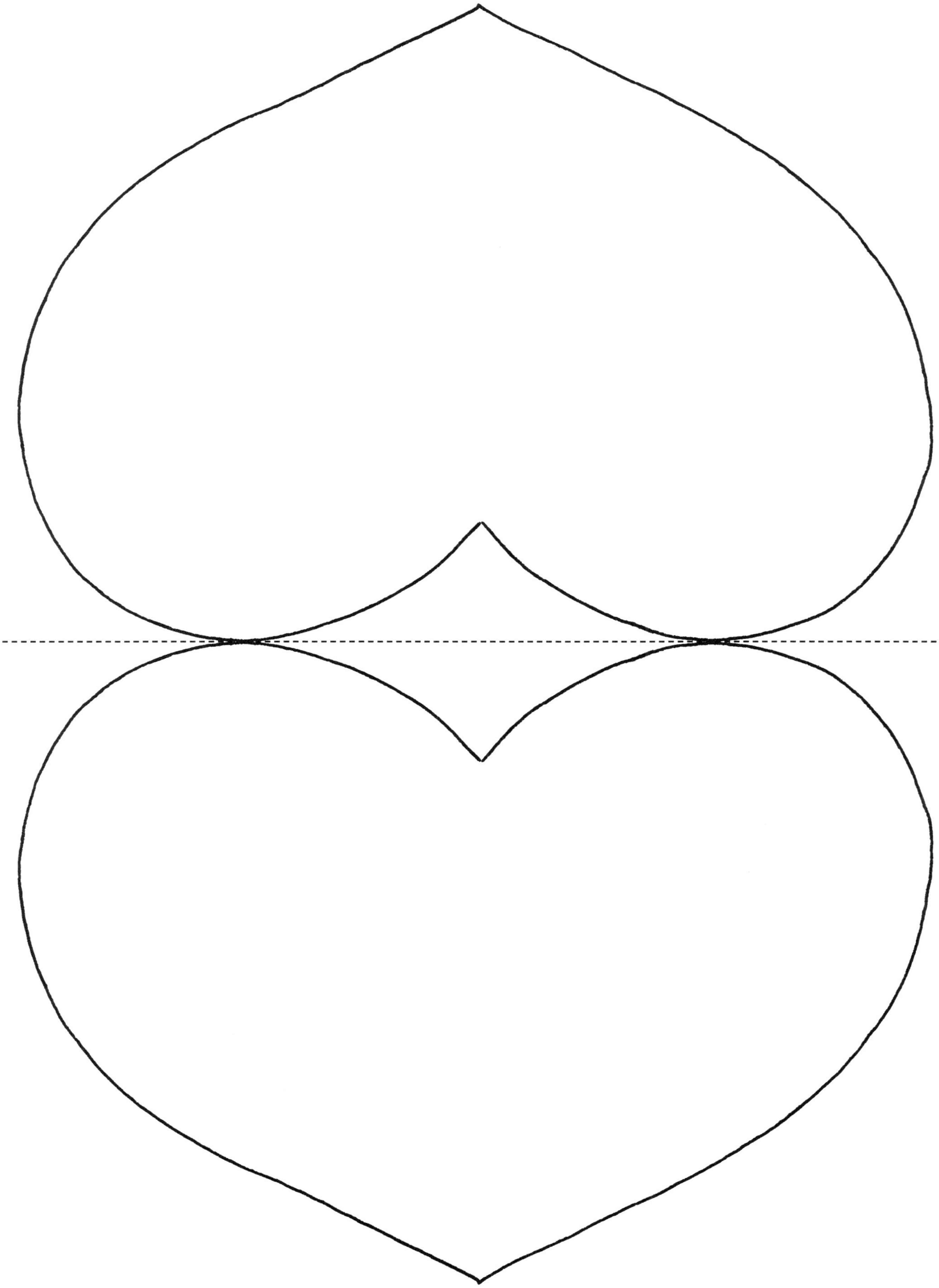

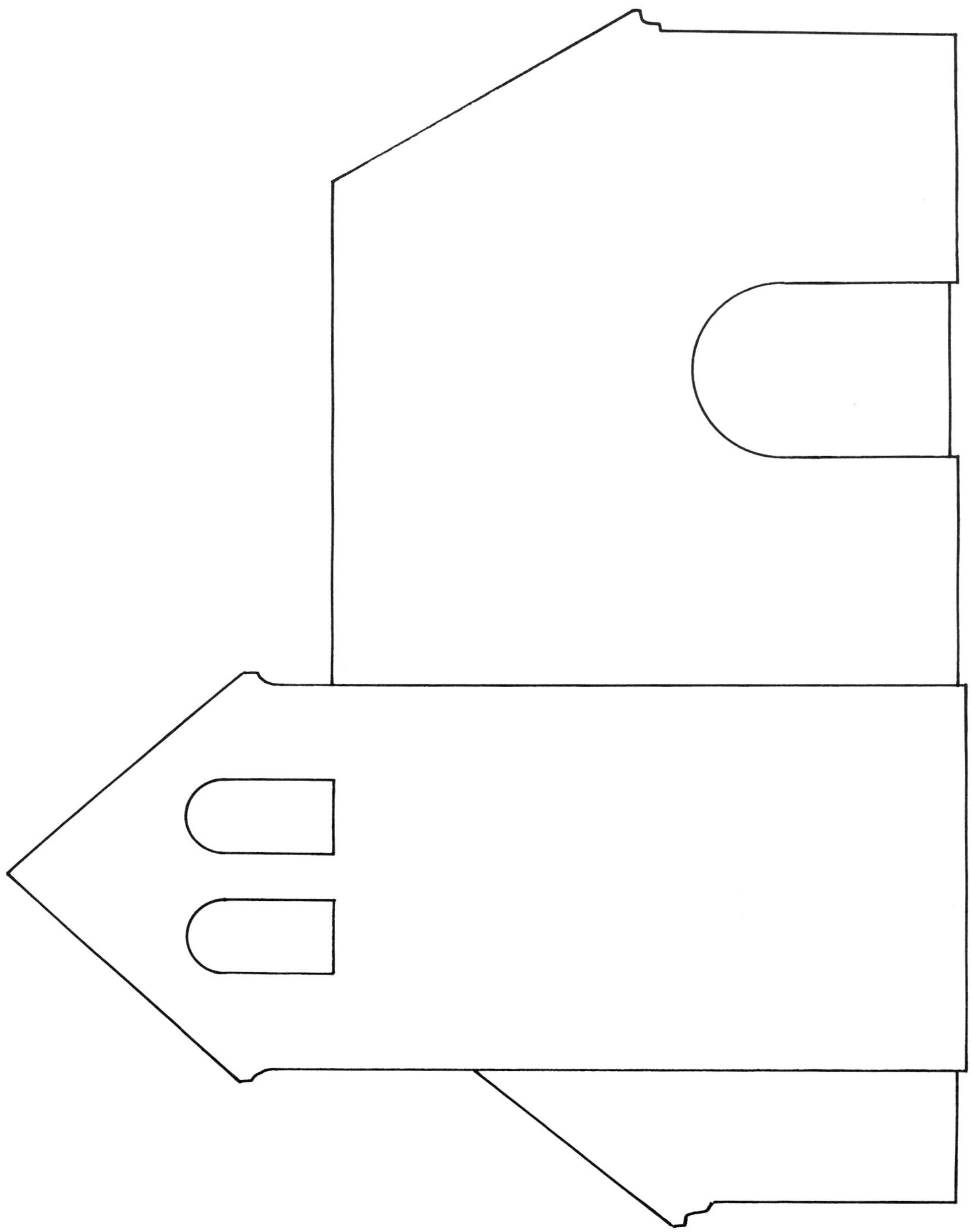

Symbole der christlichen Feste

KV 4.2

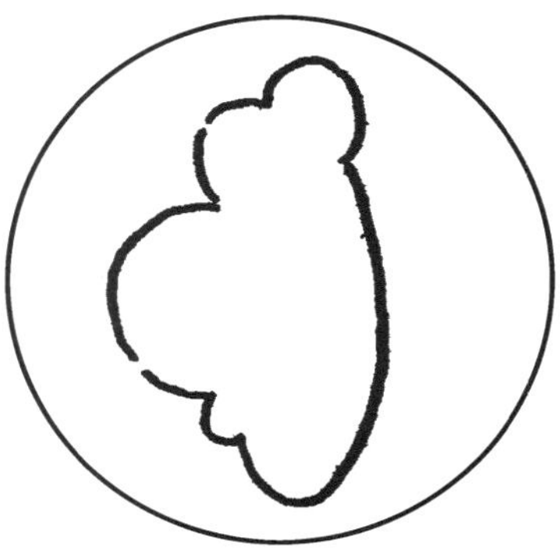
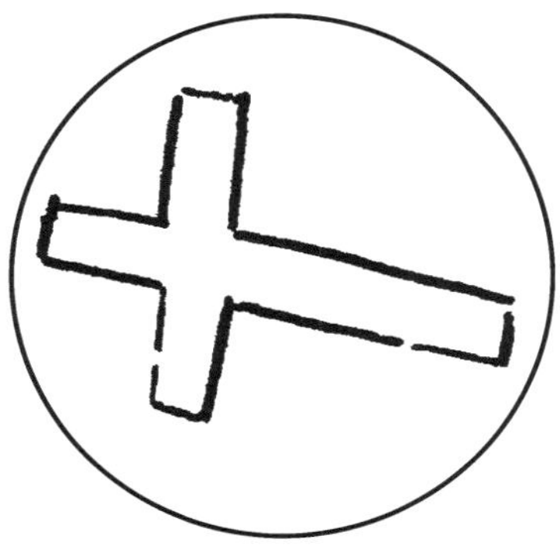
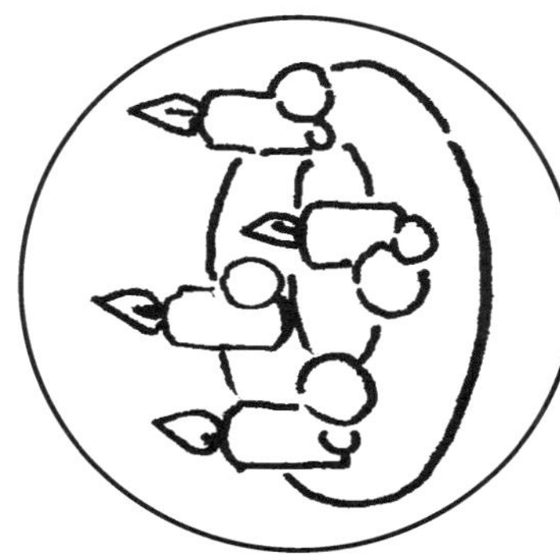

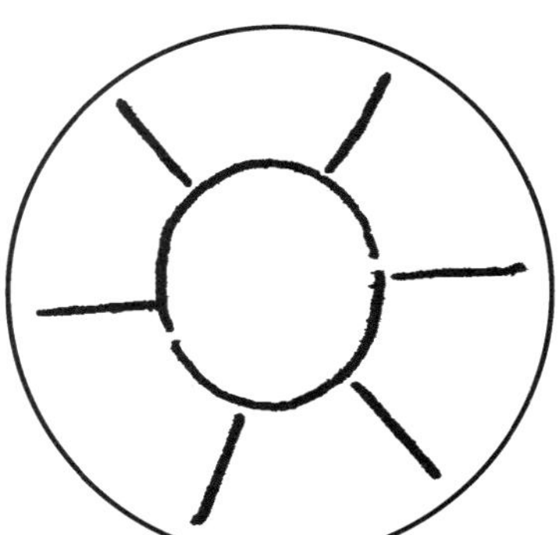
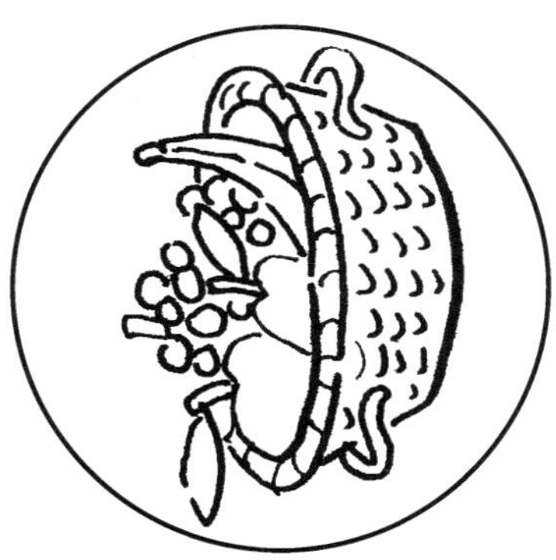

In Wittenberg
Komm mit nach Jüterbog. Dort ist großes Ablassfest. Tanzen, Schießen, Bier!
Ich trau mich nicht. Der Luther schimpft wieder.
Ach was! Komm!
Ich soll bei meiner kranken Frau bleiben und für die Kinder sorgen!
Auf dem Fest in Jüterbog
Toll! Was? Warum sitzt Du so trüb da?
Ich hab ein schlechtes Gewissen.
Der Luther sagt, das ist vor Gott nicht recht, dass ich meine Frau im Stich lasse. Und wenn ich bei ihm zur Beichte muss …
Komm doch hier in die Kirche. Tetzel mit seinem Ablass hilft immer.
Muss ich dann nicht mehr bei Luther beichten?
… dass viele von Euch Gottes Zorn und die Hölle verdienen …
Tetzel predigt in der Kirche
… aber ihr habt Glück! Seht, die ehrwürdigen Väter dort …
… sie warten auf eure Beichte!
… seine gerechte Strafe absitzen. Denkt an die Qualen …
… und wer in den Himmel kommt, der muss vorher ins Fegefeuer …
Wer einen solchen Ablass kauft, dem sind seine Sünden vergeben!
Sobald das Geld im Kasten klingt, die Seele aus dem Fegefeuer springt!
Zwei Gulden bitte!
Jetzt bist Du alles los und brauchst nicht mehr zu Deiner Frau zurück!
So ein Ablass ist gut!

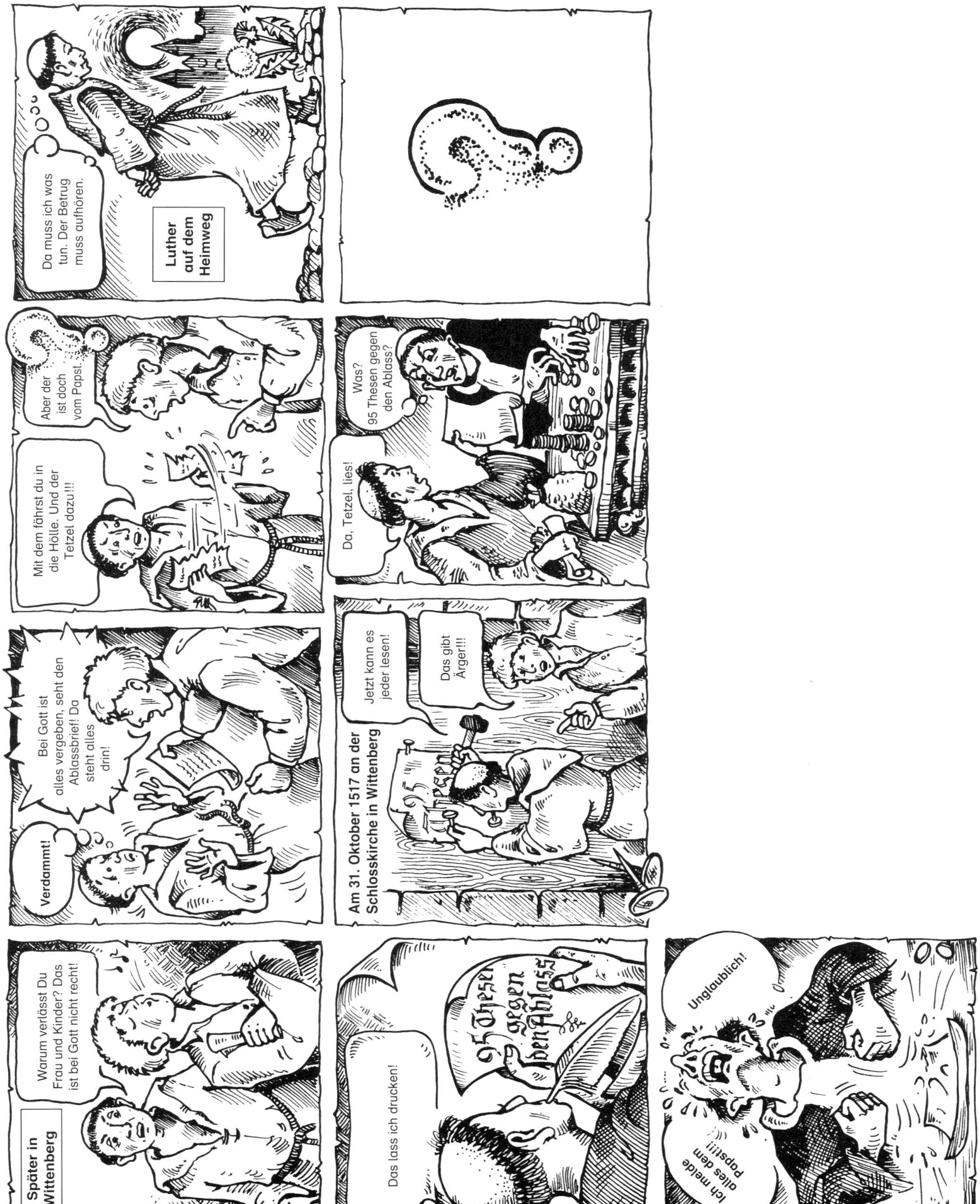

Alternative zum letzten Bild

Friedrich von Bodelschwingh (1831–1910)

Er wurde als sechstes Kind von Charlotte und Ernst von Bodelschwingh geboren. Nach seiner Schulzeit machte er eine landwirtschaftliche Ausbildung. Dann wurde er Verwalter eines großen Gutes in Pommern. Hier begegnete er dem Elend der verarmten Landarbeiter. Vom Glauben an Jesus geprägt beschloss er, Missionar zu werden. Nach dem Theologiestudium wurde ihm die Evangelische Mission unter Deutschen in Paris übertragen. Dort lebten viele deutsche Auswanderer. Sie verdienten nur das Nötigste als Tagelöhner oder Gassenkehrer.1861 heiratete B. seine Cousine Ida von Bodelschwingh.
Als seine Frau Ida nach der Geburt des ersten Kindes krank wurde, ging B. mit seiner Familie nach Deutschland zurück. Er übernahm ein Pfarramt in Dellwigan der Ruhr.
Im Januar 1869 starben in wenigen Tagen alle vier Kinder Bodelschwinghs an Diphtherie. Bis 1877 wurden dann vier weitere Kinder geboren.
1872 übernahm B. die Leitung der „Rheinisch-westfälischen Anstalt für Epileptische" bei Bielefeld. Sie wurde von B. in Bethel, das heißt „Haus Gottes", umbenannt.
B. wurde auch Vorsteher der Diakonissenanstalt Sarepta, die neben seiner Anstalt für Epileptische stand. In ihr lebten Frauen, die sich als Diakonissen um die Kranken kümmerten. Später gründete er noch die Diakonenanstalt Nazareth. Ähnlich wie die Diakonissen lebten auch die Diakone in einem Haus und arbeiten in der Krankenpflege und Sozialarbeit.

Immer mehr Häuser wurden in Bethel gebaut. Es entstand eine kleine Stadt, in der über 4000 Behinderte und Gesunde wie in einer großen Familie zusammen lebten und zusammen arbeiteten. Jeder wurde nach seinen Fähigkeiten und Begabungen beschäftigt. Neben Werkstätten gab es Schulen und Ausbildungsstätten. Bald wurde Bethel als Stadt der Barmherzigkeit bekannt.
Auch „Brüder von der Landstraße" (Nichtsesshafte) wurden aufgenommen nach dem Motto: „Arbeit statt Almosen".
1895 gründete B. die „Theologische Schule Bethel", in der angehende Pfarrer morgens studierten und nachmittags praktische Erfahrungen in der Behindertenarbeit sammeln konnten. Für die Mitarbeiter und Mitarbeiterinnen bot B. Erwachsenenbildung an.
Um die jährlich steigenden Kosten bezahlen zu können, dachte er sich ungewöhnliche Sammlungen aus: So die „Brockensammlung", bei der nicht mehr gebrauchte Gegenstände gesammelt, repariert und später verkauft wurden. Auch eine Altkleidersammlung gehörte dazu, die wieder Arbeitsplätze schaffte, da die Kleider sortiert und ausgebessert, gewaschen und gebügelt werden mussten. Auch eine Briefmarkensammelstelle richtete er ein.
Theodor Heuss, der erste Bundespräsident Deutschlands nach dem Krieg, nannte B. „den genialsten Bettler, den Deutschland je gesehen hat". Nach dem Tod von B. übernahm sein Sohn Friedrich die Leitung der Anstalten. Zur Unterscheidung wurde er Pastor Fritz genannt und sein Vater „Friedrich von Bodelschwingh der Ältere".

Albert Schweitzer (1875–1965)

„Ich wurde am 14. Januar 1875 in dem Städtchen Kaysersberg im Ober-Elsass geboren ... Mein Vater war dort Pfarrer und Lehrer ... Ich folgte meiner um ein Jahr älteren Schwester ... Ein halbes Jahr nach meiner Geburt siedelte mein Vater als Pfarrer nach Günsbach im Münstertal über. Meine Mutter war Münstertalerin, eine Pfarrerstochter. Schon während meiner Schulzeit hatte mein Vater begonnen, mich auf einem alten Tafelklavier zu unterrichten ...“[1]
S. wurde später ein berühmter Organist, der besonders gern Stücke von Johann Sebastian Bach spielte.

„Im übrigen war ich ein stiller und verträumter Schüler, der Lesen und Schreiben nicht ohne Mühe erlernte“[2] Später hat S. mühelos Philosophie und Theologie studiert und wurde in jungen Jahren Professor.

Mit 30 Jahren begann er, Medizin zu studieren, denn er wollte Missionsarzt werden. Zwei Jahre später heiratete er Helene Breßlau, die bereit war, mit ihm in die Mission nach Afrika zu gehen.
1913 gründete S. das Urwaldhospital Lambarene an einem Fluss an der Westküste Afrikas (heute Gabun).
Er wollte Menschen und Tieren als Arzt helfen.
„Solange ich zurückblicken kann, habe ich unter dem vielen Elend, das ich in der Welt sah, gelitten.“[3]

Später fasst Schweitzer seine Gedanken über die Welt als „Ehrfurcht vor dem Leben“ zusammen und sagt: *„Ich bin Leben, das leben will, inmitten von Leben, das leben will!“*
S. ging es um alles Leben! Um alle Geschöpfe. Um Gottes Schöpfung!
Auch hier prägten ihn Erinnerungen an die Kindheit:
„Der Anblick eines alten, hinkenden Pferdes, das ein Mann hinter mir herzerrte, während ein anderer mit dem Stecken auf es einschlug, - es wurde nach Kollmar ins Schlachthaus getrieben – hat mich wochenlang verfolgt. ... Ganz unfassbar schien mir, dass ich in meinem Abendgebet nur für Menschen beten sollte. Ich fügte ein Zusatzgebet hinzu. Es lautete: Lieber Gott. Schütze und segne alles, was Odem hat, bewahre es vor allem Übel und lass es ruhig schlafen!“[4]
S. war deshalb auch Pazifist, ein Mensch, der für den Frieden eintrat: Nur im Frieden kann Leben erhalten werden. Kriege, alle Gewalt, lösen keine Probleme, bringen im Gegensatz nur Leid und Tod. Besonders kämpfte er gegen Atomwaffen.
Er bekam 1953 den Friedensnobelpreis.
12 Jahre später schrieb er in Lambarene seinen letzen Brief. Wenige Tage später starb er, am 4. September 1965.

[1] Albert Schweitzer, Aus meiner Kindheit und Jugendzeit, C. H. Beck`sche Verlagsbuchhandlung München 1954 © 1924, S.5 ff.
[2] ebd., S. 14
[3] ebd., S. 24
[4] ebd., S. 25

Maria Magdalena

Im 8. Kapitel des Lukasevangeliums begegnet uns Maria Magdalena, wohl so genannt, weil sie aus Magdala kam, im Zusammenhang mit anderen Frauen, die Jesus unterstützten. Lukas erzählt, dass Jesus sie von sieben bösen Geistern geheilt hätte. Damit kann eine in der damaligen Zeit nicht erklärbare Krankheit gemeint sein.
Später wurde Maria aus Magdala als eine der Frauen genannt, die Jesus bei seinem Gang ans Kreuz nicht allein ließen (so Joh 19 und Mt 27). Auch bei seiner Grablegung war sie mit einer „anderen" Maria anwesend; „die saßen dem Grab gegenüber" (Mt 27,61). Schließlich war Maria von Magdala eine der Frauen, die am Ostermorgen zum Grab kamen und das leere Grab entdeckten (Mt 28 und Mk 16).

Johannes erzählt noch eine besondere Begebenheit: Bei ihm kam sie allein zum Grab, sah, dass es leer ist, und berichtete es Petrus und dem Jünger, „den Jesus lieb hatte" (Joh 20,1-10). Dann begegnete sie dem Auferstandenen, erkannte ihn aber nicht, sondern hielt ihn für den Gärtner. Erst als er sie mit Namen ansprach, erkannte sie ihn. Doch er machte ihr deutlich, dass er bald nicht mehr auf dieser Erde sein würde. Er sagte: „Rühr mich nicht an!" So hat es Martin Luther übersetzt. Man kann den griechischen Urtext auch übersetzen: „Du kannst mich nicht festhalten." Danach verkündigte Maria von Magdala den Jüngern Jesu, dass sie den Auferstandenen gesehen hat. Das Bild auf Seite 50 hat diese Szene zum Inhalt.

Martin von Tours (ca. 316–397)

Über wenige Menschen, die als Heilige verehrt werden, wissen wir so genau Bescheid, wie über Martin von Tours. Noch in seinem Todesjahr 397 n. Chr. wird der Schriftsteller Sulpicius Severus für seine Biografie gelobt, die er aufgrund persönlicher Begegnungen mit Martin verfasst hat.

Wir wissen, dass Martin als Sohn eines römischen Hauptmannes in Pavia/Italien aufgewachsen ist. Sein Name erinnert an den römischen Kriegsgott Mars. Unter seinen Freunden befanden sich auch Christen, von denen Martin etwas über den christlichen Glauben erfuhr.

Mit etwa 15 Jahren musste Martin zu den Soldaten – vermutlich auf Geheiß seines Vaters. Er wurde mit den römischen Truppen in Gallien eingesetzt. Bald war er nicht mehr einfacher Soldat, sondern durfte einer kleine Truppe Befehle erteilen. Es wird erzählt, dass sich Martin Hilfesuchenden, aber auch Untergebenen gegenüber sehr zuvorkommend und hilfsbereit verhielt. In diese Zeit fällt auch die Legende vom Bettler, dem Martin die Hälfte seines Mantels schenkte. In dieser Zeit ließ sich Martin taufen und bekannte sich offen zum christlichen Glauben.

Eine weitere wichtige Station ist sein Abschied von der Armee. Unterschiedlich wird hier seine Biografie ausgelegt. Die einen meinen, dass die Zeit seines Dienstes beendet war, als er kündigte; andere erzählen die Legende von der Entscheidungsschlacht des Kaisers Julian gegen die Germanen:

Martin wehrte sich gegen die Anrufung der Götter, vielmehr noch, er wehrte sich, gegen die Germanen zu kämpfen. Als man ihm vorwarf, dass er nur Angst habe, soll er gesagt haben: Ich werde mit dem Kreuz in der Hand dem Feind entgegentreten. In der Nacht vor dieser Schlacht haben die Germanen den Römern Friedensverhandlungen angeboten, eine kriegerische Schlacht konnte vermieden werden.

Martin kehrte nun nach Italien zurück mit der festen Absicht, sein Leben Christus anzuvertrauen. Seine Mutter wurde ebenfalls Christin.

Später ging Martin wieder nach Gallien und lebte in einer kleinen Hütte außerhalb der Stadt Tours. Er kümmerte sich um Kranke, Alte und Bettler. Vor allem betete er für sie. Andere schlossen sich ihm an, es entstand eine kleine Siedlung von Mönchen.

Als der Bischof von Tours starb, wollten die Bürger Martin zum Bischof haben. Die Legende, die vermutlich frei erfunden ist, erzählt davon, dass Martin sich in einem Gänsestall versteckt habe. Schließlich nahm er den Ruf doch an, lebte aber weiter in seiner kargen Hütte. Am 11. November 397 starb Martin. Schon bald erzählten sich die Menschen von seinem vorbildlichen Leben.

Sein Todestag ist nach seinem Namen benannt. Gemäß einer langen Tradition wird später Martin Luther, der an diesem Tag getauft wurde, Martin genannt.

Florence Nightingale (1820–1910)

Florence Nightingale stammte aus einer wohlhabenden Familie des englischen Landadels. Sie wurde in Florenz geboren, daher ihr Vorname „Florence“. Ihre Kindheit und Jugend verlebte sie in England.
Schon als junges Mädchen soll sie sich sozial engagiert haben. Mit 20 Jahren entschloss sie sich, ihr Leben den Armen und Kranken zu widmen. Dieser Entschluss stieß bei ihrer Familie auf Unverständnis. Florence ließ sich jedoch nicht beirren („Gott sprach mit mir und berief mich in seinen Dienst!“).
Sie ging nach London und bekam dort Einblick in die schlimmen Zustände der englischen Krankenhäuser. Dies spornte sie erst recht an, mitzuhelfen, die Lage der Kranken zu verbessern.

Sie machte Reisen, um sich über die Krankenpflege in anderen Ländern zu informieren. Dabei kam sie auch nach Deutschland, wo die Krankenpflege zu dieser Zeit stark christlich motiviert war. Besonders beeindruckt war sie vom Krankenhaus und dem Diakonissenmutterhaus der Kaiserswerther Anstalten bei Düsseldorf, die der evangelische Theologe Theodor Fliedner 1836 gegründet hatte. Vor allem beeindruckte sie der gute Ausbildungsstand der Diakonissen.

1849 trat sie in die Kaiserswerther Anstalten ein und bekam dort nicht nur die nötige Ausbildung für die Pflege von kranken Menschen, sondern auch für die Organisation eines Krankenhauses.
Zwei Jahre später übernahm sie in England ein Krankenhaus und wandte mit Erfolg ihre in Deutschland gewonnenen Kenntnisse an.

Berühmt wurde N. jedoch vor allem durch ihre Tätigkeit während des Krimkriegs, der von 1853/54 bis 1856 zwischen Russland und einer Verbindung der Länder England, Frankreich und der Türkei tobte. N. betreute als Leiterin einer Gruppe von Krankenschwestern Zehntausende von Verwundeten und Sterbenden und verließ den Kriegsschauplatz erst nach Kriegsende, als der letzte Verwundete entlassen werden konnte.

Danach setzte sie sich besonders dafür ein, dass die englischen Krankenhäuser verbessert und neue gebaut wurden. Sie machte auch wichtige Vorschläge zu Verbesserung des Gesundheitswesens in England.

Sie starb, erblindet und nach langen Jahren der Krankheit, im Alter von 90 Jahren in London.

Wenn das Weizenkorn

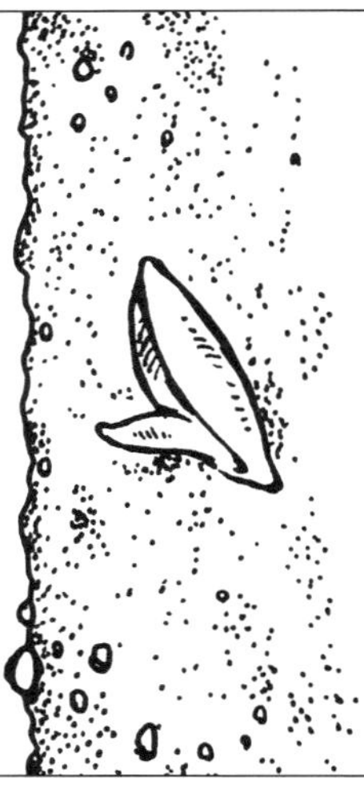

nicht in die Erde fällt

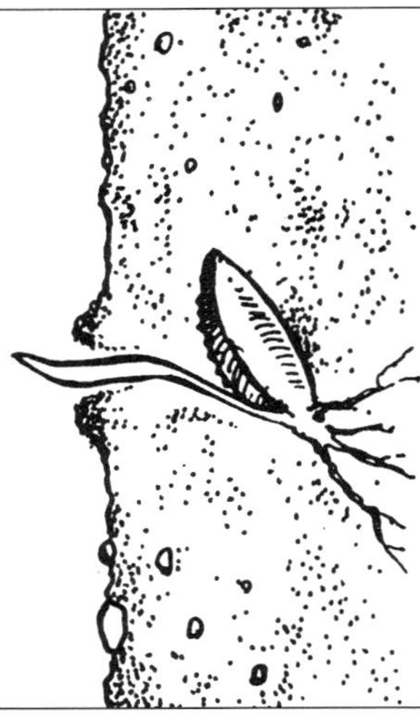

und erstirbt

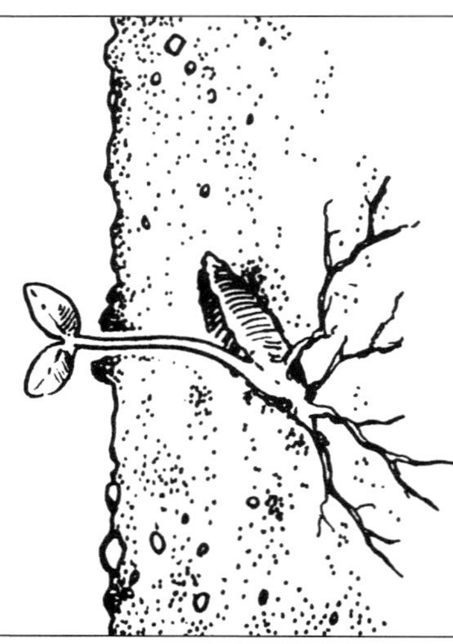

bleibt es allein,

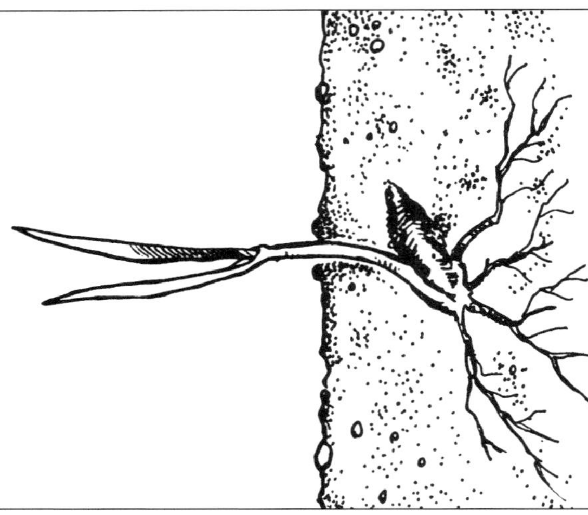

wenn es aber erstirbt,

bringt es viel Frucht.

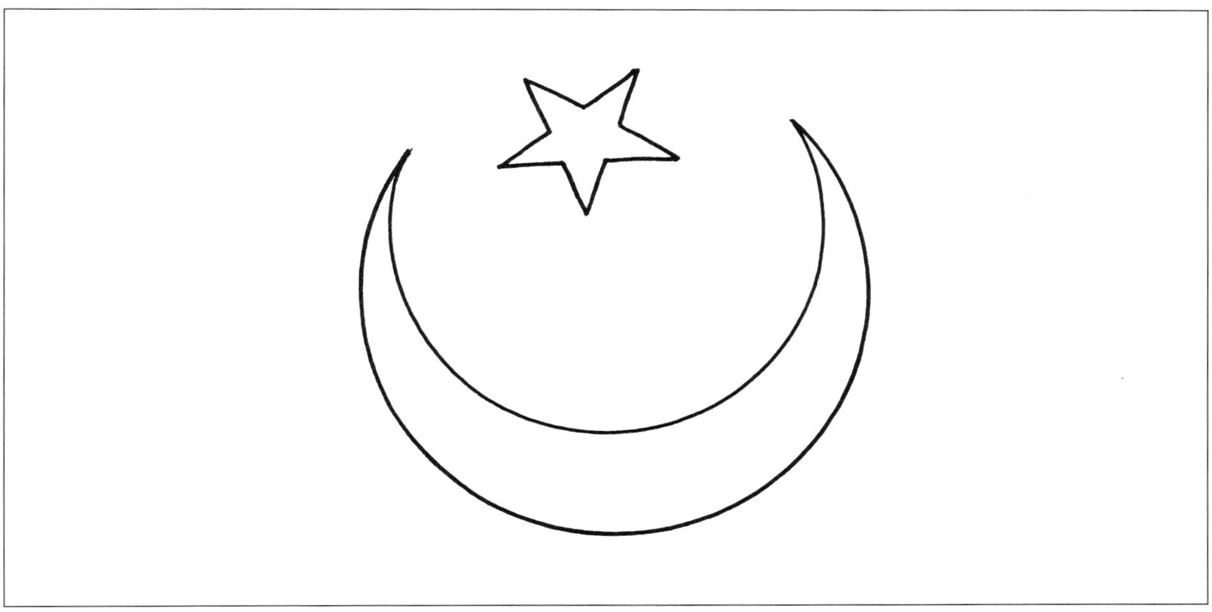

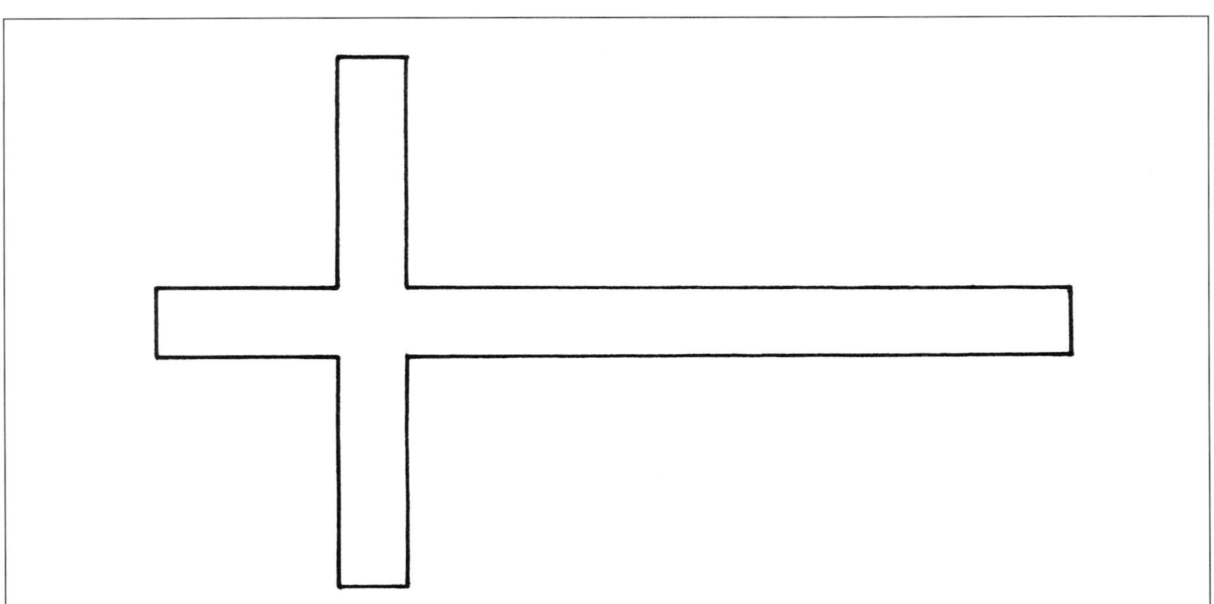

Wie die helle Sonne

Text und Melodie: Mica Romano

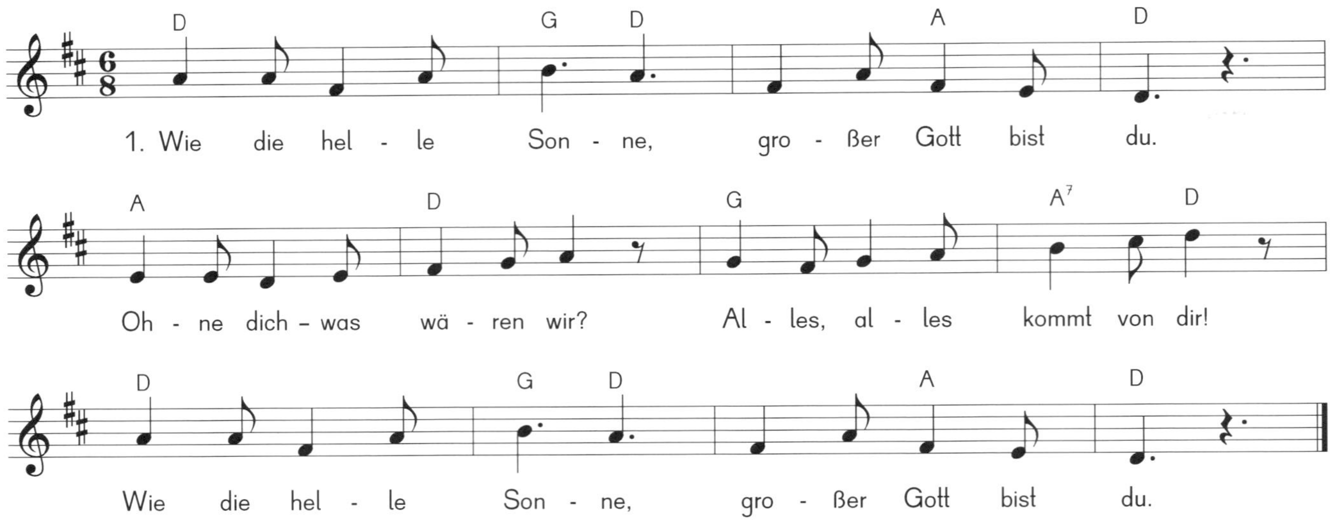

Jesus, du mein Heiland,
bist der Sonnenstrahl,
der zur Erde niederdringt
und Gott selber zu uns bringt.
Jesus, du mein Heiland,
bist der Sonnenstrahl.

Heilger Geist, du wärmst uns
wie die Sonnenkraft.
Jetzt fängt neues Leben an,
das Gott für sich brauchen kann.
Heilger Geist, du wärmst uns,
wie die Sonnenkraft.

Der Ramadan endet, wenn die Sichel des Neumonds den Beginn des zehnten Monats anzeigt. Damit hört das Fasten auf. Am folgenden Morgen beginnt „id ul-fitr“, das Fest des Fastenbrechens.
Nach der langen Dauer des Fastens ist die Festfreude natürlich groß. An manchen Orten wird drei Tage lang gefeiert. Bevor man zur Gebetsversammlung geht, legt man eine Gabe für die Armen bereit.

Zum gemeinsamen Gebet kommt jeder, auch wenn er sonst nicht regelmäßig am offiziellen Freitagsgebet teilnimmt. Am frühen Morgen versammeln sich die Männer in festlicher Kleidung auf dem Platz, wo das öffentliche Gebet verrichtet wird. Eine gewöhnliche Moschee würde an diesem Tag die Menge der Gläubigen nicht fassen. Die Kinder werden an diesem Tag beschenkt. Oft erhalten sie neue Kleider. Gemeinsam mit ihren Vätern gehen die Söhne zum Morgengebet. Die ganze Gemeinde betet das Festgebet „salat al-idayn". Es ist feierlicher als das tägliche rituelle Gebet und enthält besondere Gebetstexte. Für Nichtmuslime ist es beeindruckend zu sehen, wie Hunderte oder Tausende von Menschen gleichzeitig bekennen „Allahu Akbar“ – Gott ist groß – und ihrem Schöpfer Ehrfurcht und Anbetung darbringen.

Nach dem Gebet und der Festansprache geht man auseinander.
Der erste Tag des Festes wird in der Familie gefeiert, am zweiten Tag besuchen sich Verwandte und Freunde untereinander.

In islamischen Ländern sind an solchen Tagen die Parkanlagen voll von Menschen. Die Kinder bekommen Geschenke von den Erwachsenen. Süßigkeiten spielen am „Kleinen Fest“ eine große Rolle, daher heißt es bei den Türken „Seker Bayram“, d.h. Zuckerfest. Süßwarenhändler, Straßenmusikanten, Ballonverkäufer und Windmühlenstände haben dann Hochkonjunktur.

Das Fest hat einen ausgeprägten gemeinschaftlichen Charakter. Der einzelne Gläubige stellt mit Freude fest, dass er die schweren Aufgaben des Fastenmonats zusammen mit seinen Glaubensgenossen erfüllt hat. Durch das gemeinsame Fasten und das besonders häufige Beisammensein wird die Solidarität zwischen den Gläubigen, besonders auch zwischen Arm und Reich, gefördert. Die Menschen bitten nicht nur Gott, sondern auch einander um Vergebung. So haben der Fastenmonat und sein festlicher Abschluss eine tiefe religiöse Wirkung und helfen den Muslimen, neu gestärkt die Ordnungen des Islams im täglichen Leben zu erfüllen.

Meist schließt sich an den Besuch der Moschee ein Besuch des Friedhofs an, um seiner verstorbenen Verwandten und Bekannten zu gedenken, für sie Koranverse zu lesen und Bittgebete zu sprechen.

aus: Islamische und christliche Feste. Hrsg. von Michael Mildenberger und Hans Vöcking, Verlag Otto Lembeck, Frankfurt am Main 1984, S. 23.

Das Zuckerfest – Seker Bayram (türkisch)

Am Beginn des 10. Mondmonats ist das Ende des Ramadan. Jetzt beginnt Seker Bayram, das drei Tage dauernde Zuckerfest. Für alle muslimischen Mütter und Kinder ist das eine aufregende Zeit, denn sie haben das Fest schon lange vorbereitet. Sie haben Baklava und Börek hergestellt, köstliche Süßspeisen.
Für die Feiertage bekommen die Kinder neue Kleider, die meist von den Müttern selbst genäht sind.
Am ersten Feiertag müssen alle früh aufstehen. Die Kinder bekommen ihre Haare gewaschen, die Männer gehen in die Moschee. Nach dem Gebet sitzen sie dort noch zusammen und reden. Dann gehen sie langsam nach Hause oder manchmal auch auf den Friedhof. Zum Friedhof kommen dann auch die Frauen, um Blumen zu bringen und Wasser auf die Gräber zu gießen. Nachdem der Familienvater Koranverse vorgelesen und für die verstorbenen Angehörigen gebetet hat, gehen alle nach Hause. Unterwegs wird Geld, das in der Fastenzeit angespart wurde, an Arme verteilt.
Drei Tage dauert das Zuckerfest. Am ersten Tag machen die Familien Besuche bei nahen Verwandten, am zweiten Tag bei entfernteren Verwandten und am dritten Tag bei Nachbarn und Freunden. Jeder besucht jeden und alle bringen den Kindern Süßigkeiten mit.

1. Wann endet der Fastenmonat Ramadan? Kreuze an!

   ☐ Am Beginn des 10. Mondmonats ☐ Am Ende des 10. Mondmonats

2. Was bekommen die Kinder zum Seker Bayram? ____________________

   ____

3. Wie lange dauert das Zuckerfest?

   ☐ 1 Tag ☐ 10 Tage ☐ 3 Tage

4. Beschreibe den 1. Feiertag.

   Die Kinder müssen ____________________

   Die Männer gehen ____________________

   Alle gehen dann manchmal zum ____________________

   Unterwegs verteilt man ____________________

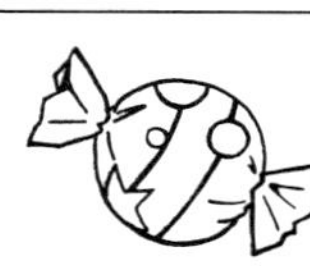

5. Wen besuchen die Muslime am

   1. Tag? ____________________

   2. Tag? ____________________

   3. Tag? ____________________

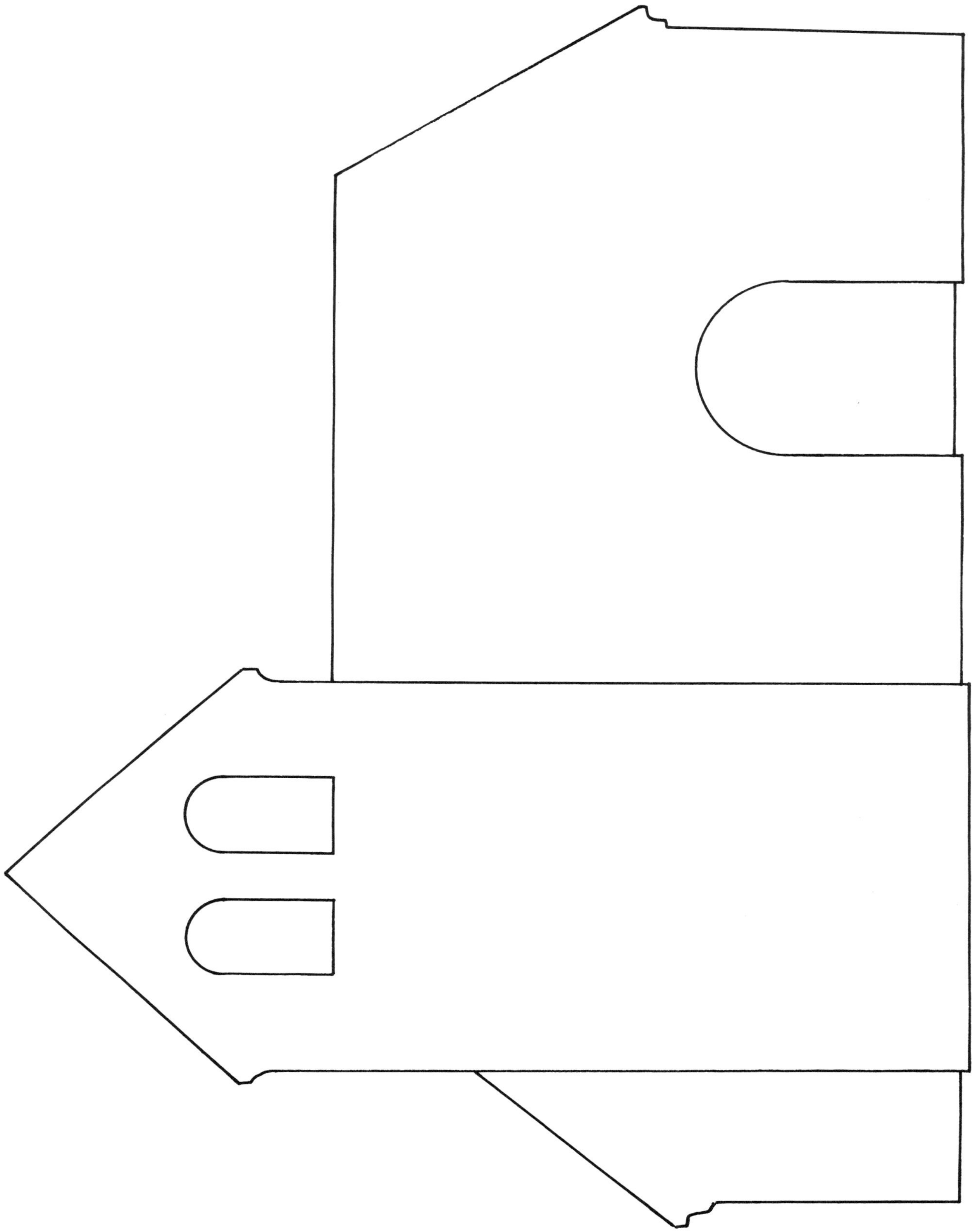

Einrichtungsgegenstände Kirche und Moschee KV 5.7

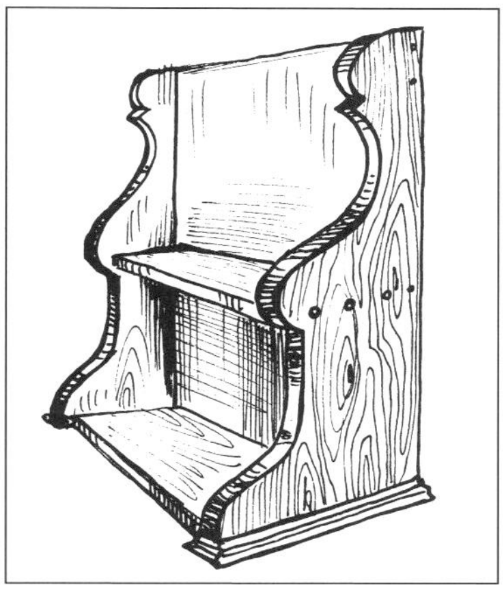

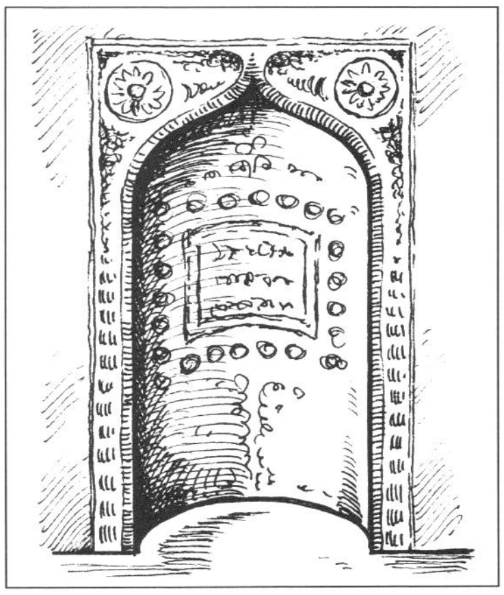

Das Leben Mohammeds – Infotext KV 5.8

Mohammed oder arab. Muhammad lebte vor etwa 1400 Jahren in einer Stadt namens Mekka in Arabien. In jungen Jahren arbeitete Mohammed als Schafhirte, später soll er an zwei Reisen der Handelskarawanen in den Norden (Syrien) teilgenommen haben. Er entstammte armen Verhältnissen, seine Eltern waren früh verstorben.
Später heiratete er eine reiche Kaufmannswitwe, bekam mit ihr mehrere Kinder, darunter seine Tochter Fatima.
Jedes Jahr ging er einen Monat in die Einsamkeit, um zu beten und zu fasten.
Es wird berichtet, dass ihm eines Tages der Engel Gabriel erschien und ihm verkündigte, dass Allah ihn zu seinem Gesandten auserwählt habe.
Mohammed kehrte nach Mekka zurück und erzählte den Menschen von seiner Erscheinung. Er wandte sich vor allem gegen die vielen Götzen, die in Mekka noch angebetet wurden und verkündete den einen Gott, in arabisch Allah.
Nach kriegerischen Auseinandersetzungen entfernte er alle Götterbilder aus dem Heiligtum in Mekka und erklärte die Kaaba zum höchsten islamischen Heiligtum.

Das Leben Mohammeds – Bilder

KV 5.9

Das Leben Mohammeds – Textstreifen

KV 5.10

Mohammed trieb Kamele durch die Wüste. Er lernte dabei eine reiche Witwe kennen. Sie heirateten bald danach.

Mohammed verkündete es gleich den Menschen in Mekka. Ein paar Leute glaubten ihm, aber viele wandten sich ab und hörten nicht zu.

Als Mohammed einmal wie immer zum Beten ging, erschien ihm der Engel Gabriel und sprach zu ihm: „Du sollst ein Prophet Allahs sein! Verkünde allen Menschen den Glauben an ihn!“

In Mekka glaubten viele nur an Götzenbilder. Deshalb ging Mohammed nach Medina. Dort sprach er zu den Leuten, und sie glaubten an Allah. Mohammed errichtete später in Medina eine Moschee.

Der Glaube an Allah verbreitete sich über das ganze Land. Deshalb ging Mohammed wieder nach Mekka zurück und nahm alle Götzenbilder herunter. Die Kaaba erklärte er zum höchsten islamischen Heiligtum.

Der Prophet Mohammed

Islam-Domino **KV 5.11**

Start	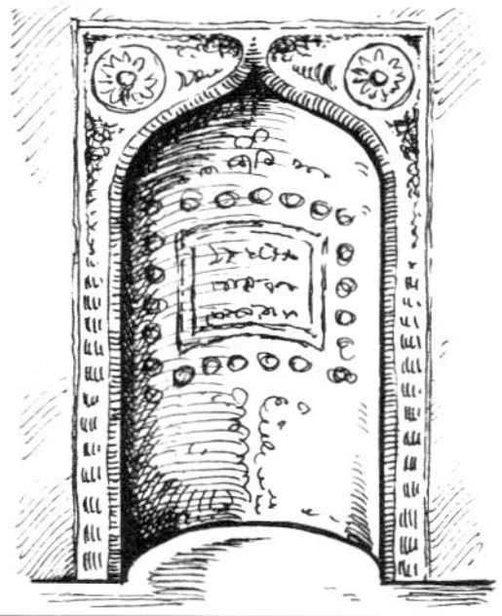	Mihrab, die Gebetsnische: hier kniet der Imam.	
Der Muezzin ruft die Gläubigen zum Gebet, 5 mal am Tag.		Minbar: Von hier aus wird gepredigt und aus dem Koran vorgelesen.	
Der Gebets-teppich wird Richtung Mekka gelegt. Darauf kniet der Moslem zum Gebet.		Von hier aus ruft der Muezzin 5 mal am Tag zum Gebet.	
Am Zuckerfest bekommen die Kinder Süßig-keiten. Es ist der Abschluss des Ramadan.		Das Heiligtum der Muslime steht in Mekka. Jeder Moslem sollte es einmal im Leben besucht haben.	
Die Moschee ist das Haus, in dem gebetet wird.		Der Koran, das heilige Buch des Islams ist in arabisch geschrieben.	**Ende**

Start
Ziel

1. Wie heißt der letzte Prophet der Moslems, der das Wort Allahs verkündete?	2. Der Koran berichtet von vier Propheten. Dies sind ...	3. In welcher Sprache ist der Koran geschrieben?
4. Es kam oft vor, dass sich Mohammed in eine einsame Höhle zurückzog. Was war der Grund?	5. In seinen Visionen erhielt Mohammed von Allah einen Auftrag. Welchen?	6. Mohammed heiratete eine Frau, die wesentlich älter war als er. Wie hieß sie?
7. In welche Stadt floh Mohammed mit seinen Anhängern? Erzähle auch über den Grund!	8. In welchem Jahr floh Mohammed nach Medina?	9. Ab welchem Ereignis beginnt die islamische Zeitrechnung?
10. Auf welchem Tier ritt Mohammed siegreich in Mekka ein?	11. In Mekka befindet sich das größte Heiligtum der Moslems. Dies ist ...	12. Jeder Moslem soll einmal in seinem Leben eine ... nach Mekka unternommen haben.
13. Von welchem Tier darf ein Muslim nicht essen?	14. Ist Haddschi das Anzeichen eines Schnupfens?	15. Der Islam kennt fünf Hauptpflichten. Zähle auf!

16. Ein Hauptgebot des Islam schreibt dem Gläubigen vor, ein nahtloses Gewand zu tragen. Wann?	17. Ramadan ist nicht nur ein Vorname sondern die Bezeichnung für ...	18. Während des Fastenmonats dürfen Moslems in einem bestimmten Zeitraum nichts essen. Das ist von ...
19. Für das Gebot des Fastens gibt es auch Ausnahmen. Zähle auf!	20. Ein großes Fest beendet den Fastenmonat. Welches?	21. Das heilige Buch der Moslems heißt ...
22. Das Glaubensbekenntnis der Moslems sagt: ...	23. Im Vorhof der Moschee steht ein ... Warum?	24. Der Turm der Moschee heißt ...
25. Es läuten keine Glocken den Gottesdienst ein, sondern der Gebetsrufer ruft. Wie heißt er?	26. Freitags versammeln sich die Moslems zum Beten in einer ... Dieses Gebäude dient auch als ...	27. Die Moslems kennen keinen Pfarrer sondern einen Vorbeter, den ...
28. Wie oft sollen Moslems am Tag beten?	29. Der Vorbeter steht auf einer Kanzel, der ...	30. Was können wir im Zusammenleben mit Moslems verbessern?

1. Mohammed	2. Abraham, Mose, Jesus, Mohammed	3. In arabischer Sprache
4. • Um zu meditieren • Um Botschaften von Allah durch den Erzengel Gabriel zu erhalten	5. Die Lehre Gottes (Allah) zu verkünden	6. Khadija (Khadicha)
7. Mohammed floh nach Medina, weil die Kureischiten ihn ermorden wollten. Sie hielten Mohammed für einen falschen Propheten, der ihnen ihr Geschäft verdarb.	8. 622 n. Chr.	9. Mit der Flucht 622 n. Chr. nach Medina
10. Auf seinem Pferd Buraq	11. die Kaaba.	12. Pilgerreise
13. Vom Schwein	14. Haddschi ist die Bezeichnung für einen Gläubigen, der nach Mekka pilgerte.	15. • Almosen • Fasten • Wallfahrt • Gebet • Glaubensbekenntnis

16. Wenn der Gläubige nach Mekka pilgert.	17. den Fastenmonat.	18. Sonnenaufgang bis Sonnenuntergang.
19. • Wenn man krank ist • Wenn man auf Reisen ist • Wenn man noch ein Kind ist • Wenn man schwanger ist • Wenn man alt ist	20. Seker bayram, das Fastenbrechenfest (Aid al-fitr)	21. Koran.
22. Ich bezeuge: Es gibt keinen Gott außer Allah, und Mohammed ist sein Prophet.	23. Brunnen Dort können sich die Gläubigen vor dem Gebet reinigen.	24. Minarett
25. Der Muezzin	26. Moschee. Schule, Herberge, Versammlungsraum.	27. Imam.
28. Moslems sollen fünfmal am Tag beten.	29. Minbar.	30. Wir sollten uns über Sitten und Gebräuche in ihrem Leben, das ganz vom Koran bestimmt ist, informieren. Wir sollten Toleranz üben.

Einrichtungsgegenstände Synagoge

KV 5.13

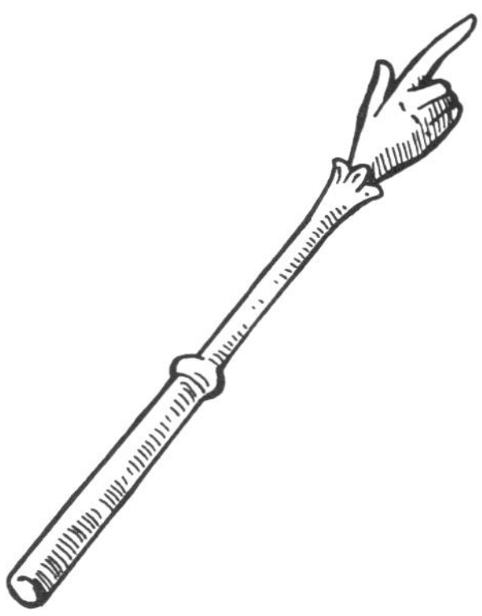

Toraschrein/ Heilige Lade

Torarolle

Bima = Lesepult

Menora = siebenarmiger Leuchter

Jad = Torazeiger

Kisler (Nov/Dez)

Tischri (Sep/Okt)

Nissan (März/April)

Tischri (Sep/Okt)

Adar (Feb/März)

Tischri (Sep/Okt)

Nissan (März/April)

Siran (Mai/Juni)

Sukkoth

Purim

Passah

Chanucca

Jomha Shoa

Shawuoth

Neujahrs-fest

Neueinweihung Sieg der Juden über Besatzungs-macht 165 v. Chr.

Rosh Hashanah

Ver-söhnungs-fest

Laubhüttenfest Fest des Früchte-sammelns

Erinnerung an die jüdische Königin Esther

Befreiung aus Ägypten

Wochenfest Erntefest und Erinnerung an Moses Empfang der 10 Gebote

Gedenken an die im 2. Weltkrieg vernichteten Juden

We shall overcome

KV 5.16

Text und Melodie: traditionell